Franz Ahn

A new practical and easy method of learning the German language

third course containing a selection of pieces from modern authors

Franz Ahn

A new practical and easy method of learning the German language
third course containing a selection of pieces from modern authors

ISBN/EAN: 9783743439986

Hergestellt in Europa, USA, Kanada, Australien, Japan

Cover: Foto ©Paul-Georg Meister /pixelio.de

Manufactured and distributed by brebook publishing software (www.brebook.com)

Franz Ahn

A new practical and easy method of learning the German language

A NEW, PRACTICAL AND EASY METHOD OF LEARNING THE GERMAN LANGUAGE.

BY

F. AHN.

THIRD COURSE.
CONTAINING A SELECTION OF PIECES FROM MODERN AUTHORS, WITH EXPLANATORY NOTES.

SIXTH EDITION.

LEIPZIG:
F. A. BROCKHAUS.
1870.

Inhalt.

Erste Abtheilung.

	Seite
1. Die Edelsteine. Schubart	1
2. Der beleidigte Derwisch. Liebeskind	—
3. Der Greis und der Jüngling. Krummacher	2
4. Einigkeit macht stark. Chr. Schmid	3
5. Der Bauer und die Schlange. Meißner	4
6. Der Affe. Chr. Schmid	—
7. Der Fuchs und der Maulwurf. Meißner	—
8. Der Rabe und der Fuchs. Lessing	5
9. Der Knabe und der Schmetterling. Meißner	6
10. Die Tulpe und die Rose. Meißner	7
11. Die Pfeife. Wagner	—
12. Rosciuszlo's Pferd. Büchner	8
13. Der treue Unterthan. Petiscus	9
14. Das Todtengericht. Schlegel	—
15. Erzherzog Karl von Oesterreich. Niemeyer	10
16. Walther von Thurn. Stern	11
17. Alexander in Afrika. Herder	12
18. Prinz Heinrich von England. Zschokke	13
19. Joseph's II. Wohlthätigkeit. Niemeyer	15
20. Der Mäusethurm bei Bingen. Curtmann	16
21. Die Witwe zu Zehra. Liebeskind	17
22. Der Hirtenknabe. Liebeskind	21
23. Der Mann von Roß. Engel	24
24. Das Handelshaus Gruit. Stern	26
25. Ehrlich währt am längsten	30

Zweite Abtheilung.

1. Der Sirocco. Schubart	39
2. Fata Morgana. Zimmermann	—
3. Der Hund auf dem St.-Bernhard. Lenz	40
4. Der russische Bettler. Dieliz	42
5. Die Kartoffeln. Schubert	—
6. Der Sonntag in London. Süskind	44
7. Das Handelsleben in London. Süskind	45

8. Das Bergwerk. Sormann 46
9. Die Hottentotten. A. Müller 48
10. Der Winter in Neapel. A. Mayer 50
11. Der Rheinfall. G. A. Riecke 52
12. Der Sturm auf den Antillen im Jahre 1780. Thieme 53
13. Peter der Große in Rußland. Kappe 55
14. Die Gottesurtheile. Nösselt 57
15. Die Schlacht bei Roßbach, 1757. Curtmann 58
16. Die Gemsen. Meiners 60
17. Das Flußpferd. Dielitz 62
18. Das Dromedar. I. I. Kaup 64
19. Fang der Eibergans. Zimmermann 66
20. Jerusalem. Hackländer 68

Dritte Abtheilung.

1. Warnung. Hey 71
2. Der Sonntag. Hoffmann von Fallersleben .... —
3. Der Greis. Gleim 72
4. Das Johanniswürmchen. Pfeffel .... —
5. Der Blinde und der Lahme. Gellert 73
6. Frühlingslied. Hölty .... —
7. Lebenspflichten. Hölty 74
8. Das Grab. v. Salis 75
9. Wenn sich zwei Herzen scheiden. Geibel .... —
10. Die Kapelle. Kreidenstein 76
11. Schäfers Sonntagslied. Uhland .... —
12. Auf der Ueberfahrt. Uhland 77
13. Der Pilgrim von St.-Just. Platen 78
14. Lorelei. Heine .... —
15. Die Grenadiere. Heine 79
16. Das Glück von Edenhall. Uhland 80
17. Das Schloß am Meer. Uhland 82
18. Erlkönig. Goethe 83
19. Der Sänger. Goethe 84
20. Der Alpenjäger. Schiller 85
21. Ritter Toggenburg. Schiller 87
22. Des Feuers Macht. Schiller 89

Erste Abtheilung.

1. Die Edelsteine.

Ein reicher Chinese¹ war stolz² darauf, ein Kleid zu tragen, welches überall mit den kostbarsten Edelsteinen besetzt³ war. Ein alter, schlecht gekleideter Bonze begegnete ihm auf der Straße, blieb vor ihm stehen⁴, besah⁵ ihn vom Kopf bis zu den Füßen, neigte⁶ sich dann bis zur Erde vor ihm nieder und dankte ihm aufs verbindlichste⁷ für seine Edelsteine. „Mein Freund", sagte der Reiche, „ich habe dir nie Edelsteine gegeben." — „Gewiß nicht", versetzte⁸ der Bonze; „aber Ihr gabt⁹ mir Gelegenheit, sie zu sehen, und einen andern Genuß habet Ihr doch auch nicht¹⁰. Es ist also zwischen uns Beiden kein weiterer Unterschied¹¹, als daß Ihr die Mühe habt, sie zu tragen und zu verwahren, während ich dieser Last überhoben¹² bin."   Schubart.

¹ Chinese, Chinese. ² stolz sein, to feel proud of. ³ besetzen, to trim. ⁴ stehen bleiben, to stand still. ⁵ besehen, to eye. ⁶ sich niederneigen, to bow one's self. ⁷ aufs verbindlichste, in the warmest manner. ⁸ versetzen, to reply. ⁹ gabt, geben, to give. ¹⁰ einen andern Genuß auch nicht haben, to have no further enjoyment. ¹¹ weiter, other. ¹² überhoben sein, to be spared, dispensed.

2. Der beleidigte Derwisch.

Der Günstling eines Sultans warf einen armen Derwisch, der ihn um ein Almosen bat¹, mit einem Steine². Der mishandelte³ Geistliche unterstand sich⁴ nicht, etwas zu sagen, hob⁵ aber den Stein auf und nahm ihn mit sich. „Ueber kurz oder lang⁶", dachte er, „werde ich gewiß Ge-

now. ⁶ ſich erheben, to rise. ⁷ Urenkel, great grand-children. ⁸ da, at the same moment. ⁹ frohes Alter, cheerful old age. ¹⁰ blühendes Aussehen, ruddy countenance. ¹¹ geſtand, geſtehen, to confess, to express. ¹² Kraft, strength. ¹³ darüber, thereabout. ¹⁴ Obſtgarten, orchard. ¹⁵ voll, full, laden. ¹⁶ darauf, thereupon. ¹⁷ ſprach, ſprechen == ſagen. ¹⁸ winken, to nod. ¹⁹ verſtehen, to understand. ²⁰ zu Herzen nehmen, to take to heart.

4. Einigkeit macht ſtark.

Ein Bauer, Namens Michel, hatte ſieben Söhne, die öfters miteinander¹ uneins waren. Ueber dem Zanken² und Streiten³ verſäumten ſie die Arbeit. Ja⁴ einige böſe Menſchen machten ſich dieſe Uneinigkeit⁵ zu Nutzen⁶ und trachteten die Söhne nach dem Tode des Vaters um ihr väterliches Erbtheil zu bringen⁷.

Da ließ der Vater eines Tages⁸ alle ſieben Söhne zuſammenkommen, legte ihnen ſieben Stäbe vor⁹, die feſt zuſammengebunden¹⁰ waren und ſagte: „Dem, der dieſen Bündel Stäbe zerbricht, zahle ich hundert große Thaler¹¹ baar¹²."

Einer nach dem Andern ſtrengte lange ſeine Kräfte an¹³, und Jeder ſagte am Ende: „Es iſt nicht möglich!"

„Und doch", ſagte der Vater, „iſt nichts leichter!" Er löſte den Bündel auf¹⁴ und zerbrach einen Stab nach dem andern mit geringer Mühe. „Ei!" riefen die Söhne, „ſo iſt es freilich leicht¹⁵, ſo könnte es ein kleiner Knabe!"

Der Vater ſprach: „Wie es mit dieſen Stäben iſt, ſo iſt es mit euch, meine Söhne! So lange¹⁶ ihr feſt zuſammenhaltet, werdet ihr beſtehen¹⁷ und Niemand wird euch überwältigen können. Wird aber das Band der Eintracht¹⁸, das euch verbinden ſollte, aufgelöſt, ſo wird es euch ergehen¹⁹ wie den Stäben, die hier zerbrochen auf dem Boden liegen."

Chr. Schmid.

¹ mit einander uneins ſein, to be at variance with each other. ² über dem Zanken, with quarrelling. ³ ſtreiten, to wrangle. ⁴ ja, so much so. ⁵ Uneinigkeit, discord. ⁶ zu Nutzen machen, to take advantage. ⁷ um etwas bringen, to deprive of. ⁸ eines Tages, one day. ⁹ vorlegen, to lay before. ¹⁰ feſt zuſammengebunden, tightly bound together. ¹¹ große Thaler, dollar. ¹² baar zahlen, to pay down. ¹³ anſtrengen, to exert. ¹⁴ auflöſen, to untie. ¹⁵ ſo iſt es freilich leicht, in that way it is easy enough. ¹⁶ ſo lange, as long as. ¹⁷ beſtehen, to be strong. ¹⁸ das Band der Eintracht, the ties of concord. ¹⁹ ergehen, to happen.

5. Der Bauer und die Schlange.

Ein Bauer fand im Schnee eine Schlange, welche vor Kälte ganz erstarrt¹ war; aus Mitleid nahm er sie mit nach Hause und legte sie in die Nähe des Feuers. Das elende² Thier hatte sich indessen kaum wieder erholt³, als es anfing, sein Gift zu verbreiten⁴ und in dem Hause seines Wohlthäters so großen Schaden anzurichten⁵, daß sich dieser genöthigt sah, eine Axt zu ergreifen und die Schlange in tausend Stücke zu zerhauen⁶.

Wer einem Bösen Gunstbezeigungen erweist⁷, muß gewärtig sein⁸, übel von ihm belohnt zu werden.
Meister.

¹ ganz erstarrt, quite benumbed. ² elend, wretched. ³ sich erholen, to recover. ⁴ verbreiten, to spread about. ⁵ Schaden anrichten, to cause mischief. ⁶ zerhauen, to cut. ⁷ Gunstbezeugungen erweisen, to show favours. ⁸ gewärtig sein, to expect.

6. Der Affe.

Ein Affe kam durch ein offenes Fenster in die Stube eines reichen Geizhalses, der den Armen niemals einen Heller¹ gab. Er war eben² nicht zu Hause. Der Affe fand zufällig die Geldkiste³, welche mit Goldstücken angefüllt⁴ war, und warf alles Geld zum Fenster hinaus. Die Leute, die dies sahen, liefen herbei⁵ und schlugen sich⁶ darum. Als die Kiste schon leer war, kam der Geizige heran⁷ und sah mit Entsetzen, was vor seinem Hause vorging⁸. Von Weitem⁹ drohte er schon dem Affen und schalt¹⁰ ihn ein dummes Thier.

Ein Nachbar aber sagte zu dem Filze¹¹: Es ist freilich¹² dumm, das Geld zum Fenster hinaus zu werfen, wie dieser Affe thut; aber es blos¹³ in die Kiste einzusperren¹⁴ wie Ihr, das ist noch dümmer.
Chr. Schmid.

¹ Heller, farthing. ² eben, just, at that moment. ³ Geldkiste, strong box. ⁴ anfüllen, to fill. ⁵ herbeilaufen, to approach. ⁶ sich schlagen, to fight; darum, for it. ⁷ herankommen, to arrive. ⁸ vorgehen, to pass. ⁹ von Weitem, from afar. ¹⁰ schelten, to call. ¹¹ Filz, miser. ¹² freilich, certainly. ¹³ bloß, merely. ¹⁴ einsperren, to lock up.

7. Der Luchs und der Maulwurf.

Der scharfsehende¹ Luchs beklagte einst den blinden Maulwurf. „Kaum kann ich es begreifen", sprach er, „wie du noch so gelassen² dein Elend ertragen kannst. Ein Leben ohne Augen würde mir noch härter dünken³ als selbst der Tod." — „Ich danke dir für dein Mitleid", antwortete der Maulwurf, „aber vielleicht verdiene ich es nicht einmal⁴ ganz. Was die Natur auf einer Seite mir entzog⁵, das hat sie mir gütig auf der andern eingebracht⁶. Mein Ohr ist scharf⁷ und warnt mich vor jedem noch ziemlich entfernten Feinde⁸. Selbst jetzt, ich kann mich irren, aber mich dünkt, ich höre den Tritt eines Menschen, der sich herbeischleicht⁹. Ich bitte dich, lieber Luchs, nimm dich in Acht¹⁰! — Eben wollte¹¹ der Luchs den Maulwurf höhnisch auslachen¹², da zischte¹³ schon der Pfeil eines Jägers, und dieses auf seine Gesichtsschärfe¹⁴ so stolze Thier fiel, weil es den guten Rath des blinden Maulwurfs verschmäht hatte.

Die Hand der Natur theilt¹⁵ ihre Gaben billig aus, und oft ist gerade Der¹⁶ glücklich, der uns bedauernswürdig¹⁷ dünkt. *Meißner.*

¹ scharf sehen, to have a quick eye. ² gelassen, patiently. ³ dünken, to appear, to seem. ⁴ nicht einmal, not even. ⁵ entziehen, to refuse. ⁶ einbringen, to compensate, to repair. ⁷ scharf, quick, sharp. ⁸ vor einem entfernten Feinde warnen, to warn, at a great distance, of the approach of an enemy. ⁹ herbeischleichen, to approach by stealth. ¹⁰ sich in Acht nehmen, to be on one's guard, to be cautious. ¹¹ eben wollen, to be going. ¹² höhnisch auslachen, to deride. ¹³ zischen, to whiz. ¹⁴ Gesichtsschärfe, the quickness of the eye. ¹⁵ billig austheilen, to distribute equitably. ¹⁶ Der, he. ¹⁷ bedauernswürdig, to be pitied.

8. Der Rabe und der Fuchs.

Ein Rabe trug¹ ein Stück vergiftetes Fleisch, das der erzürnte Gärtner für die Katze seines Nachbars hingeworfen² hatte, in seinen Klauen fort.

Eben wollte³ er es auf einer alten Eiche verzehren⁴, als sich ein Fuchs herbeischlich⁵ und ihm zurief: „Sei gegrüßet⁶, Vogel des Jupiter!" — „Für wen siehst du mich an⁷?" fragte der Rabe. — „Für wen ich dich ansehe?" erwiderte der Fuchs. „Bist du nicht der rüstige⁸ Adler, der täglich von der Rechten⁹ des Zeus¹⁰ auf diese Eiche herabkommt¹¹, mich Armen zu speisen¹²? Warum verstellst¹³ du dich? Sehe ich denn nicht in deiner siegreichen Klaue die erflehte¹⁴ Gabe, die mir mein Gott durch dich zu schicken noch fortfährt¹⁵?"

Der Rabe erstaunte und freute sich innig¹⁶, für einen Adler gehalten¹⁷ zu werden. Ich muß, dachte er, den Fuchs aus diesem Irrthume nicht bringen ¹⁸. — Großmüthig dumm ¹⁹ ließ er ihm also seinen Raub herabfallen und flog ²⁰ stolz davon. Der Fuchs fing ²¹ das Fleisch lachend auf und fraß es mit boshafter Freude. Doch bald verkehrte sich ²² die Freude in ein schmerzhaftes Gefühl, das Gift fing an zu wirken ²³ und der Fuchs mußte sterben. *Lessing.*

¹ forttragen, to carry off. ² hinwerfen, to throw upon the ground. ³ eben wollen, to be just about. ⁴ verzehren, to eat. ⁵ herbeischleichen, to steal softly by. ⁶ sei gegrüßet, good morrow to you. ⁷ ansehen, to take for. ⁸ rüstig, lusty. ⁹ die Rechte, the right hand. ¹⁰ Zeus, Jupiter. ¹¹ herabkommen, to come down. ¹² mich Armen zu speisen, to feed me, poor animal. ¹³ sich verstellen, to disguise one's self. ¹⁴ erflehen, to ask, to implore. ¹⁵ fortfahren, to continue. ¹⁶ innig, inwardly. ¹⁷ halten, to take. ¹⁸ aus dem Irrthum bringen, to undeceive. ¹⁹ großmüthig dumm, with foolish generosity. ²⁰ davonfliegen, to fly away. ²¹ auffangen, to snap up. ²² sich verkehren, to turn into. ²³ wirken, to work.

9. Der Knabe und der Schmetterling.

Ein Knabe, welcher in einem Garten umherging¹, bemerkte einen Schmetterling. Ueberrascht² von der Schönheit und Mannichfaltigkeit seiner Farben verfolgte er ihn von Blume zu Blume mit unermüdlicher Anstrengung³, und diese wurde ihm leicht, weil das Insect so schön war. Er suchte⁴ den Schmetterling zuweilen⁵ unter den Blättern einer Rose oder Nelke zu überraschen und mit seinem Hute zu bedecken; einen Augenblick nachher hoffte er ihn auf einem Myrtenzweige⁶ zu fangen, oder ihn auf einem Veilchenbeete zu erhaschen⁷. Aber alle seine Bemühungen waren vergeblich⁸; das unbeständige Thier, welches von einer Blume zur andern flatterte, entging⁹ allen seinen Verfolgungen. Endlich bemerkte er dasselbe halb in dem Kelche einer Tulpe versteckt¹⁰, er stürzte sich auf die Blume, ergriff¹¹ sie mit Heftigkeit und zerbrückte¹² den Schmetterling. Dahin war nun die Freude¹³, mit deren Hoffnung er sich geschmeichelt hatte, und er war sehr traurig, das Insect getödtet zu haben.

Das Vergnügen ist nur ein buntfarbiger Schmetterling; es kann¹⁴ uns erfreuen in der Verfolgung, aber wenn man es mit zu großer Heftigkeit erfaßt¹⁵, so stirbt es in dem Genusse¹⁶. *Meißner.*

¹ umhergehen, to walk. ² überrascht, struck. ³ Anstrengung, toil. ⁴ suchen, to endeavour. ⁵ zuweilen, sometimes. ⁶ Myrtenzweig, branch of a myrtle. ⁷ erhaschen, to seize. ⁸ vergeblich, useless. ⁹ entgehen, to elude. ¹⁰ halb versteckt, half buried. ¹¹ ergreifen, to snatch. ¹² zer-

brücken, to crush. [13] dahin war nun die Freude, farewell to the pleasure. [14] es kam, it may serve. [15] erfassen, to embrace. [16] in dem Genusse, in our grasp.

10. Die Tulpe und die Rose.

Eine Tulpe und eine Rose waren Nachbarn in einem Garten; sie waren beide außerordentlich schön, indessen die Rose zog am meisten des Gärtners Aufmerksamkeit auf sich[1]. Der Neid und die Eifersucht, welche die Tulpe hierüber empfand, konnte nicht lange verborgen bleiben; eitel[2] auf ihre äußern Reize[3] und unfähig, den Gedanken zu ertragen, wegen einer andern Blume verlassen zu sein, warf sie dem Gärtner seine Parteilichkeit vor[4]: „Weshalb", sagte sie, „werden meine Schönheiten so gering geschätzt[5]? Sind nicht meine Farben glänzender und mannichfaltiger als die der Rose; warum muß sie denn so deine ganze Liebe auf sich ziehen und stets den Vorzug erhalten?" — „Sei nicht mißvergnügt[6], meine liebe Tulpe", sagte der Gärtner, „i erkenne deine Schönheit an und bewundere sie, wie sie es verdient. Aber es ruht[7] in meiner Lieblingsrose ein so anziehender Duft[8], solche innere Reize, wie sie die bloße Schönheit[9] gar nicht zu bieten[10] vermag."   *Meißner.*

[1] Aufmerksamkeit auf sich ziehen, to claim attention. [2] eitel auf, vain of. [3] äußere Reize, external charms. [4] vorwerfen, to reproach with. [5] geringschätzen, to neglect. [6] mißvergnügt, displeased. [7] es ruht, there is. [8] ein so anziehender Duft, such sweets. [9] die bloße Schönheit, beauty alone. [10] bieten, afford.

11. Die Pfeife[1].

Ich war noch ein Kind von sieben Jahren, so erzählt der berühmte Franklin, als meine Verwandten mir an einem Festtage[2] die Tasche mit Kupfermünzen[3] füllten. Sogleich ging ich nach[4] einem Laden, wo man Spielzeug[5] verkaufte. Der Ton einer Pfeife aber, die ich im Vorbeigehen[6] in der Hand eines andern Knaben sah, entzückte mich so sehr[7], daß ich ihm freiwillig[8] für dies eine Stück all mein Geld anbot[9]. Er willigte ein[10]. Vergnügt[11] über meinen Handel[12] eilte ich nach Hause, wo ich pfeifend alle Winkel durchzog[13]; denn meine Pfeife machte mir ebenso viel Freude, als ich damit die ganze Familie belästigte[14]. Da meine Brüder und Schwestern hörten, was ich für einen Tausch getroffen[15] hatte, versicherten sie mir, ich hätte vier mal mehr für die Pfeife gegeben, als sie werth sei[16]. Nun[17] fiel mir erst ein, was für schöne Sachen ich für das übrige Geld[19] hätte kaufen können, und sie lachten[20] mich so sehr[21] über meine Einfalt aus, daß ich vor Verdruß[22] anfing zu weinen. Die Reue machte mir nun mehr Aerger[23], als die Pfeife mir Vergnügen gemacht hatte. Da dieser Vorfall[24] aber einen unauslöschlichen[25] Eindruck auf mich machte, so ward[26] er mir in der Folge sehr nützlich. Oft, wenn ich in Versuchung kam[27], mir etwas Unnöthiges zu kaufen, sagte ich zu mir selbst: „Gib nicht zu viel für die Pfeife!" und sparte[28] mein Geld.

Wagner.

[1] The whistle. [2] an einem Festtage, one holiday. [3] Kupfermünzen, copper money. [4] nach, to. [5] Spielzeug, playthings. [6] im Vorbeigehen, when passing by. [7] so sehr entzücken, to delight so much. [8] freiwillig, voluntarily. [9] anbieten, to offer. [10] einwilligen, to consent. [11] vergnügt, well pleased. [12] Handel, bargain. [13] pfeifend alle Winkel durchziehen, to whistle through every corner of the house. [14] belästigen, to cause annoyance. [15] einen Tausch treffen, to make an exchange. [16] werth sein, to be worth. [17] nun erst, only then. [18] einfallen, to occur. [19] das übrige Geld, the remainder of the money. [20] auslachen, to laugh at. [21] so sehr, so much. [22] vor Verdruß, with vexation. [23] Aerger, anger. [24] Vorfall, occurrence. [25] unauslöschlich, indelible. [26] ward, wurde. [27] in Versuchung kommen, to be tempted. [28] sparen, to save.

12. Kosciuszko's Pferd.

Kosciuszko, der edle Pole, wollte einst einem Geistlichen zu Solothurn[1] einige Flaschen guten Weines übersenden. Er wählte dazu[2] einen jungen Mann mit Namen Zeltner, und überließ[3] ihm für die Reise sein eignes Reitpferd[4]. Als Zeltner zurückkam, sagte er: „Mein Feldherr[5]! ich werde Ihr Pferd nicht wieder reiten, wenn Sie mir nicht zugleich Ihre Börse mitgeben." — „Wie meinst du das[6]?, fragte Kosciuszko. Zeltner antwortete: „Sobald ein armer Mann auf der Straße den Hut abnahm[7] und um ein Almosen bat, stand das Pferd augenblicklich still und ging nicht eher von der Stelle[8], als bis der Bettler etwas empfangen hatte, und als mir endlich das Geld ausging[9], wußte ich das Pferd nur dadurch zufrieden zu stellen[10] und vorwärts zu bringen[11], daß ich that, als ob[12] ich den Bittenden etwas gäbe.

Büchner.

[1] Solothurn, Soleure. [2] dazu, for this purpose. [3] überlassen, to give. [4] Reitpferd, saddle-horse. [5] Feldherr, general. [6] Wie meinst du das? What do you mean by that? [7] abnehmen, to take off. [8] von

der Stelle gehen, to stir from the spot. ⁹ als mir endlich das Geld ausging, when my money was all at an end. ¹⁰ zufrieden stellen, to satisfy. ¹¹ vorwärts bringen, to get on. ¹² ich that als ob, by pretending.

13. Der treue Unterthan.

Als die Franzosen im Jahre 1809 gegen Wien vordrangen¹, sollte ein Bauer der Führer² einer Truppenabtheilung³ werden. Mit ihr gedachte⁴ der Feind durch einen Nachtmarsch⁵ einen wichtigen Plan auszuführen. „Gott bewahre mich⁶", sagte der Bauer, „das thue ich nimmermehr⁷." Heftig drang⁸ der französische Offizier, der den Vortrab befehligte, in ihn; aber der Bauer blieb bei⁹ seiner Weigerung. Der Offizier bestürmte¹⁰ ihn mit Versprechungen, er bot ihm einen vollen Beutel mit Gold an; Alles vergebens. Inzwischen¹¹ langte der Hauptzug der Feinde¹² an, und ihr General war sehr erzürnt, den Vortrab noch hier anzutreffen. Als er erfuhr, daß der einzige des Weges kundige Mann¹³ sich durchaus nicht bewegen¹⁴ lasse, ihr Wegweiser¹⁵ zu sein, ließ er den Bauer vorführen¹⁶. „Entweder", rief er ihm zu, „du zeigst uns den rechten Weg oder ich lasse dich erschießen!" — „Ganz gut!" erwiderte der Bauer, „so sterbe¹⁷ ich als rechtschaffener Unterthan und brauche nicht Landesverräther¹⁸ zu werden." Da bot ihm der erstaunte General die Hand und sprach: „Geh' heim, wackerer Mann, wir wollen uns ohne Führer behelfen¹⁹." **Petiscus.**

¹ vordringen, to march upon. ² Führer, guide. ³ Truppenabtheilung, division of troops. ⁴ gedenken, to intend. ⁵ Nachtmarsch, night march. ⁶ Gott bewahre mich, God forbid. ⁷ nimmermehr, never. ⁸ heftig in Jemand bringen, to press very much. ⁹ bleiben bei, to persist in. ¹⁰ bestürmen, to overwhelm. ¹¹ inzwischen, mean time. ¹² der Hauptzug der Feinde, the main body of the army. ¹³ der einzige des Weges kundige Mann, the only man, who knew the road. ¹⁴ bewegen, to persuade. ¹⁵ Wegweiser, guide. ¹⁶ vorführen, to bring before. ¹⁷ so, in this case. ¹⁸ Landesverräther, traitor to my country. ¹⁹ sich behelfen wollen, to try to get on.

14. Das Todtengericht¹.

Ein Beherrscher² des alten Aegyptens war verschieden³. Am See Möris saßen die vier Todtenrichter und berathschlagten, ob dem Verblichenen⁴ die Ehre des Grabes zu Theil werden⁵ sollte. Es traten unbescholtene⁶ Männer auf⁷, um Zeugniß abzulegen für den Todten, und was sie vorbrachten⁸, gereichte⁹ zu seinem Lobe. „Er hat das Vaterland durch den Ruhm seiner Waffen verherrlicht¹⁰", sagte der erste. — „Diesen Ruhm hat das Volk mit seinem Blute bezahlt", antworteten die Richter. — „Er hat den Künsten und Wissenschaften Schutz verliehen¹¹", sagte ein zweiter. — „Aber er hat den Pflug gering geachtet¹²", entgegneten die Richter. — „Er hat sich den Namen¹³ des Gottesfürchtigen und Leutseligen¹⁴ erworben", sagte ein dritter. Da fragte der älteste unter den Richtern: „Hieß er auch seinem Volke und den Nachbarvölkern der Gerechte? Dies ist der einzige Beiname, welcher Denen ziemt, die gesetzt¹⁵ sind über die Menschen, ihre Brüder." Die Zeugen erstaunten. Jetzt erhoben sich die Richter von ihren Sitzen und sprachen: „Der, welcher im Lichte wohnt, hat die Seele des Todten gerichtet, wir aber richten den Leib. Er soll ein Jahr lang unbegraben bleiben; denn es gibt nur eine Herrschertugend¹⁶, nämlich die Gerechtigkeit, und keine andere Tugend ist rein ohne diese." Schlegel.

¹ The judgment of the dead. ² Beherrscher, monarch. ³ war verschieden, had died. ⁴ Verblichene, the departed. ⁵ die Ehre des Grabes zu Theil werden, to obtain the rites of burial. ⁶ unbescholten, of irreproachable reputation. ⁷ auftreten, to come forward. ⁸ vorbringen, to advance. ⁹ gereichen, to tend. ¹⁰ verherrlichen, to bring glory. ¹¹ seinen Schutz verleihen, to lend one's protection. ¹² gering achten, to neglect. ¹³ sich den Namen erwerben, to acquire the reputation. ¹⁴ Gottesfürchtiger und Leutseliger, religious and affable man. ¹⁵ setzen, to place. ¹⁶ Herrschertugend, a virtue for a sovereign.

15. Erzherzog Karl von Oesterreich.

Der Erzherzog Karl von Oesterreich, dieser heldenmüthige und tugendhafte Fürst, reiste im Jahre 1800 nach Böhmen, um bei dem Heere, welches gegen die Franzosen focht¹, einen Oberbefehl zu übernehmen². Als er sich dem Schauplatz³ des blutigen Kampfes näherte, traf⁴ er viele Verwundete, die verlassen⁵ von aller Hülfe sich mühsam fortschleppten⁶, und wenn noch Kräfte übrig waren⁷, zum Theil ihre Bagagewagen selbst zogen, damit sie dem Feinde nicht in die Hände fallen möchten. Der Prinz ließ sogleich von mehren, gleichfalls schon im Rückzug begriffenen⁸ Kanonen die Pferde abspannen und sie vor die Wagen bringen⁹, auf welche nun die Verwundeten sich setzen mußten, und sagte: „Diese braven Männer verdienen es wol mehr gerettet zu werden, als ein Paar Kanonen."

Sobald der französische Befehlshaber [10] Moreau diese hochherzige [11] Handlung des deutschen Heerführers [12] erfuhr, befahl er sogleich, den Oesterreichern jene verlassenen Geschütze zurückzugeben: „denn", sagte er, „ich will keine Kanonen haben, die aus so menschenfreundlichen [13] Beweggründen zurückgelassen worden sind."
                                                               Riemeyer.

[1] fechten, to fight. [2] den Oberbefehl übernehmen, to take the command in chief. [3] Schauplatz, scene. [4] treffen, to meet. [5] verlassen, bereft. [6] sich mühsam fortschleppen, to drag one's self with difficulty. [7] übrig sein, to remain. [8] im Rückzug begriffen, already in retreat. [9] bringen, to put. [10] Befehlshaber, commander. [11] hochherzig, high minded. [12] Heerführer, general. [13] menschenfreundlich, humane.

16. Walther von Thurn.

1. Der tapfere französische Ritter, Walther von Thurn [1], ritt in einer öden syrischen Wüste. Da hörte er von ferne ein langes klägliches Gestöhne [2]. Gewiß, dachte er, haben verruchte [3] arabische Räuber einen Wanderer angefallen [4]. Er sprengt [5] hin auf seinem Streitrosse [6], aber als dieses vor einer finstern engen Kluft [7] stand, stutzte [8] und zitterte es, bäumte sich und schäumte ins Gebiß [9]. Die funkelnden Augen eines großen männlichen Löwen blitzten ihm entgegen [10]. Dieser lag im Kampfe [11] mit einer ungeheuren Schlange, welche sich schon um Leib und Schweif des Löwen gewunden hatte. Ohne sich zu besinnen [12], schwang Walther sein mächtiges scharfes Schwert, und mit einem tüchtigen glücklichen Streiche [13] spaltete er der Schlange den Leib. Als der Löwe sich von der furchtbaren, wüthenden Feindin erlöst [14] sah, erhob er sich, brüllte laut, schüttelte die Mähne, streckte den Leib, und nahte sich dann seinem Retter. Sanft schmeichelnd kroch er [15] zu dem jungen unerschrockenen Helden und leckte ihm Schild und Hand. Von nun an verließ er ihn nicht mehr, sondern folgte ihm, wie ein Hund, selbst über Flüsse und in den Streit.

[1] Walter de la Tour. [2] ein klägliches Gestöhne, a mournful groaning. [3] verrucht, base. [4] anfallen, to attack. [5] hinsprengen, to spring towards. [6] Streitroß, charger. [7] Kluft, ravine. [8] stutzen, to start. [9] ins Gebiß schäumen, to foam at the bit. [10] entgegen blitzen, to dart like lightning. [11] im Kampfe liegen, to lie struggling. [12] ohne sich zu besinnen, without waiting to consider. [13] ein tüchtiger glücklicher Streich, a powerful and successful blow. [14] erlösen, to release. [15] sanft schmeichelnd kriechen, to creep softly.

2. Mehre Jahre lang war der Ritter im heiligen Lande gewesen, er hatte viele tapfere Thaten verrichtet[1] und einen berühmten und geachteten Namen sich erworben. Endlich empfand er Sehnsucht[2] nach dem fernen, theuren Vaterlande, wollte dahin zurückkehren und den guten treuen Löwen mitnehmen. Aber kein Schiffer wollte das Thier in sein Schiff aufnehmen, obgleich Walther doppelten, ja vierfachen Lohn[3] bot. Endlich ließ der Ritter ihn zurück und fuhr allein ab[4]. Da erhob der Löwe ein langes klagendes Gebrüll, lief ängstlich am Strande auf und ab[5], stand dann am Ufer stille, schaute[6] dem Schiffe nach und stürzte sich endlich in das Meer.

Man sah ihn vom Schiffe aus, und beschloß, das edle Thier aufzunehmen. Schon war er dem Schiffe nahe, da verließ ihn die Kraft, er blickte noch einmal mit treuen, hellen Augen nach dem Ritter und versank. **Stern.**

[1] verrichten, to perform. [2] Sehnsucht empfinden, to long for. [3] vierfacher Lohn, four times the freight. [4] abfahren, to sail away. [5] ängstlich auf und ab laufen, to run backwards and forwards in agony. [6] nachschauen, to gaze after.

17. Alexander in Afrika.

1. Alexander der Große kam einst in eine entlegene goldreiche[1] Gegend von Afrika; die Einwohner gingen ihm entgegen und brachten[2] ihm Schalen[3] dar voll goldener Aepfel und Früchte. — „Ißt man diese Früchte bei euch?" sprach Alexander; „ich bin nicht gekommen, eure Reichthümer zu sehen, sondern von euren Sitten zu lernen." — Da führten sie ihn auf den Markt, wo ihr König Gericht hielt[4].

Eben trat ein Bürger vor und sprach: „Ich habe, o König, von diesem Mann ein Grundstück[5] gekauft, und als ich den Boden durchgrub[6], fand ich einen Schatz. Dieser ist nicht mein; denn ich habe nur das Grundstück gekauft, nicht den darin verborgenen Schatz, und gleichwol[7] will ihn der Verkäufer nicht wieder nehmen." — Und sein Gegner antwortete: „Ich bin ebenso gewissenhaft als mein Mitbürger. Ich habe ihm das Gut, sammt Allem[8], was darin verborgen war, verkauft und also auch den Schatz."

Der König wiederholte ihre Worte, damit sie sähen, ob er sie recht verstanden hätte; und nach einiger Ueberlegung sprach er: „Du hast einen Sohn, Freund?" — „Ja." — „Und du eine Tochter?" — „Ja." — „Eure Kinder lieben sich?" — „O sehr!" — „Nun wohl! verheirathet eure Kinder, und gebet ihnen den gefundenen Schatz zur Heirathsgabe⁹! das ist meine Entscheidung."

¹ goldreich, rich in gold. ² darbringen, to offer. ³ Schale, cup.
⁴ er hielt Gericht, he held his tribunal. ⁵ Grundstück, piece of ground.
⁶ den Boden durchgraben, to dig up the earth. ⁷ gleichwol, notwithstanding. ⁸ sammt Allem, and all. ⁹ Heirathsgabe, marriage-portion.

2. Alexander erstaunte, da er diesen Ausspruch¹ hörte: „Habe ich unrecht gerichtet" sprach der König, „daß du also erstaunst?" „O nein", antwortete Alexander; „aber in unserm Lande würde man anders richten." — „Und wie denn?" fragte der afrikanische König. — „Die Wahrheit zu gestehen²", antwortete Alexander, „wir würden beide Männer in Verwahrung gehalten³ und den Schatz für den König in Besitz genommen haben."

Da schlug der König die Hände zusammen⁴ und sprach: „Scheint denn bei euch auch die Sonne? Und läßt der Himmel noch auf euch regnen?" — Alexander antwortete: „Ja." — „So muß es", fuhr er fort, „der unschuldigen Thiere wegen sein, die in eurem Lande leben; denn über solche Menschen sollte keine Sonne scheinen, kein Regen fallen."

Herder.

¹ Ausspruch, sentence. ² gestehen, to confess. ³ in Verwahrung halten, to take into custody. ⁴ die Hände zusammenschlagen, to clasp one's hands.

18. Prinz Heinrich von England.

1. Prinz Heinrich, der nachmals¹ seinem Vater, dem Könige Heinrich IV., 1414, auf den Thron von England folgte, hatte einen Kammerdiener, der ihm trotz mancher leichtsinniger Streiche² sehr lieb war. Dieser Junker wurde eines Tages, da sein Muthwille³ das Maß überschritten⁴ hatte, von dem beleidigten Theile vor dem höchsten Gerichtshofe angeklagt, und da er schuldig befunden wurde, sogleich ohne alle Umstände⁵ verhaftet. Als Prinz Heinrich dieses hörte, wurde er höchlich darüber aufgebracht, daß man dabei⁶ so wenig Rücksicht auf seine Person, zu deren Bedienung der Gefangene gehörte, genommen habe⁷. Er stürmte⁸ sogleich in den Gerichtssaal und sprach zornig zu den Richtern: „Ich befehle, daß mein Diener auf der Stelle⁹ in Freiheit gesetzt werde!" Ruhig¹⁰ aber erhob sich der Präsident des Gerichtshofes, Sir William Gascoyne, und entgegnete: „Prinz, ich ehre

Ihren Befehl, aber ich gehorche dem Gesetze. Ihr Diener ist verurtheilt. Wollen sie ihn aus dem Kerker retten, so wenden Sie sich an den König; denn das Gesetz gibt dem Könige das Recht der Begnadigung."

¹ nachmals, afterwards. ² leichtsinnige Streiche, thoughtless pranks. ³ Muthwille, frolicks. ⁴ das Maß überschreiten, to outstep all bounds. ⁵ ohne alle Umstände, without farther ceremony. ⁶ dabei, in the transaction. ⁷ wenig Rücksicht nehmen, to show little regard. ⁸ stürmen, to rush. ⁹ auf der Stelle, in this moment. ¹⁰ ruhig, calmly.

2. Der Prinz wollte den Unterschied zwischen Befehl und Gesetz nicht verstehen¹ und selber das Recht haben, das Urtheil des Gerichts aufzuheben². Er beharrte auf seinem Verlangen, wurde ungeberdig³, schimpfte und drohte. „Halt!" rief der Lord-Präsident; „Sie sind strafbar, Prinz, weil Sie sich vergangen⁴ haben. Ich stehe hier im Namen des Gesetzes und an der Stelle des Königs, Ihres Vaters. In beiden Rücksichten⁵ sind Sie mir unbedingten Gehorsam schuldig. Prinz, ich befehle Ihnen demnach, von Ihrem Vorhaben abzustehen⁶ und Ihren künftigen Unterthanen ein besseres Beispiel der Ehrfurcht vor den Gesetzen zu geben. Jetzt aber werden Sie, wegen Verletzung⁷ dieser schuldigen Ehrfurcht, sich sofort⁸ in Gefangenschaft begeben und so lange darin verbleiben, bis der König Ihnen seinen höchsten Willen kund thun⁹ wird."

¹ den Unterschied nicht verstehen, to admit of no difference. ² aufheben, to annul. ³ ungeberdig werden, to become unruly. ⁴ sich vergehen, to commit an offence. ⁵ in beiden Rücksichten, in both these capacities. ⁶ abstehen, to desist. ⁷ wegen Verletzung, for having been wanting. ⁸ sofort, forthwith. ⁹ kund thun, to make known.

3. Der Prinz stutzte¹ und wurde von der Hoheit und Ruhe² des Richters so betroffen³, daß er freiwillig⁴ seinen Degen abgab, eine ehrfurchtsvolle Verbeugung machte und sich, ohne ein Wort zu sagen, in Verhaft⁵ führen ließ.

Der Vorfall⁶ wurde sogleich dem Könige berichtet⁷. Die Höflinge äußerten einen heftigen Zorn⁸ gegen die Anmaßungen des Richters und flüsterten⁹ schon von Majestätsverbrechen. König Heinrich aber hob Hände und Augen gen¹⁰ Himmel und sprach in freudigem Tone¹¹: „Gütiger Gott, wie soll ich dir genug danken! Du gabst dem Lande einen Richter, der sich durch keinen Befehl und durch keine Drohung von der Treue gegen Recht und Gesetz abbringen¹² läßt, und du gabst mir einen Sohn, der seinen Willen dem Rechte und dem Gesetze aufgeopfert hat."

Zschokke.

¹ stutzen, to be startled ² Hoheit und Ruhe, dignity and calmness. ³ betroffen, struck. ⁴ freiwillig, voluntarily. ⁵ Verhaft, prison. ⁶ Vorfall, occurrence. ⁷ berichten, to report. ⁸ einen heftigen Zorn äußern, to be greatly exasperated. ⁹ flüstern, to whisper. ¹⁰ gen, gegen, to. ¹¹ in freudigem Tone, with joyful accents. ¹² abbringen, to divert.

19. Joseph's II. Wohlthätigkeit.

1. „Ach, lieber Herr, um Gotteswillen¹ schenken Sie mir einen Gulden!" so bat voll Angst ein zehnjähriger Knabe den guten Kaiser Joseph II., den er nicht kannte und der ihm eben jetzt² begegnete. — „Einen Gulden?" fragte Joseph etwas verwundert. — „Noch nie habe ich gebettelt", stammelte der Knabe, und die heißen Thränen stürzten³ ihm aus den Augen, aber meine Mutter ist sterbenskrank⁴ und ich wollte einen Arzt suchen." Joseph erkundigte sich hierauf nach dem Namen und der Wohnung, reichte den Gulden dar, und der Knabe flog wie ein Pfeil davon. Der Kaiser eilte indessen sogleich nach dem bezeichneten⁵ Hause, stieg⁶ eine dunkle, schmale Treppe hinauf und erblickte nun auf elendem Lager⁷ eine jammernde⁸ Kranke, die sich noch kaum aufrichten⁹ konnte, um ihn zu fragen, ob er etwa der Arzt sei. — „Der bin ich¹⁰!" antwortete Joseph, ließ sich nun die Krankheit und die ganze Geschichte der Witwe erzählen, und tröstete sie mit guter Hoffnung zu Gott, der ja öfters Hülfe sende, wo man es am wenigsten erwarte¹¹, der die Seinen nicht verlasse und auch für die arme, kranke Witwe sorgen werde. Danach riß er ein Stückchen Papier aus des Knaben Schreibebuch, schrieb, wie er sagte, ein Recept¹², und entfernte sich dann mit den Worten: „Für jetzt leben Sie wohl! Ich hoffe, Das, was ich ihnen verschrieben habe, wird gute Wirkung thun."

¹ um Gotteswillen, for God's sake. ² eben jetzt, just now. ³ stürzen, to start. ⁴ sterbenskrank, dangerously ill. ⁵ bezeichnet, designated. ⁶ hinaufsteigen, to ascend. ⁷ elendes Lager, miserable pallet. ⁸ jammernd, groaning. ⁹ sich aufrichten, to rise. ¹⁰ Der bin ich, I am he. ¹¹ erwarten, to expect. ¹² Recept, prescription.

2. Wenige Minuten nachher kam der Sohn mit freudiger Hast¹ zurück und rief schon unter der Thür: „Ich bringe einen Arzt! Ich bringe einen Arzt!" Sogleich trat auch der Arzt herein. Die Kranke wußte sich nicht zu erklären, wie nun mit Einem male² zwei Aerzte sie in ihrem elenden Kämmerlein besuchten, bis ihr Sohn den ganzen Vorgang³ erzählte und man nun vermuthete, daß der unbekannte Mann,

welchen der Knabe um eine Unterstützung angefleht hatte, zufälliger Weise ebenfalls ein Arzt gewesen sei. Der zweite Arzt war nun aber neugierig zu erfahren, wer der andere gewesen sei und was er geschrieben habe. Er ließ sich daher das Blättchen[4] zeigen und rief in höchster Ueberraschung: „Solche Recepte können wir übrigen Aerzte Wiens nicht schreiben. Dieser Arzt ist der Kaiser selbst gewesen! fünfzig Dukaten hat er hier vorläufig[5] aus seiner Kasse verschrieben!" Wer schildert das Erstaunen, die Rührung, die Freude, den Dank der Wittwe und des Sohnes! In kurzem[6] stellte der Arzt sie wieder her[7]; der wohlthätige Joseph aber verordnete ein jährliches Gnadengehalt[8] von hundertundfünfzig Gulden, und ließ den hoffnungsvollen[9] Knaben zum wackern Mann erziehen. **Niemeyer.**

[1] mit freudiger Hast, in great haste and delight. [2] mit Einem male, all at once. [3] der ganze Vorgang, all that had happened. [4] Blättchen, bit of paper. [5] vorläufig, for the present. [6] in kurzem, in a short time. [7] wiederherstellen, to restore to health. [8] Gnadengehalt, pension. [9] hoffnungsvoll, promising.

20. Der Mäusethurm bei Bingen[1].

1. Da, wo der Rhein nach seiner westlichen Richtung[2] den schönen Rheingau[3] verläßt und sich eine engere Bahn[4] durch das Gebirge hindurch bricht, liegt das Städtchen Bingen. Die Schönheit der Gegend, welche noch durch die darin liegenden alten Burgen erhöht wird, lockt[5] während des Sommers Fremde aus allen Ländern nach Bingen, und viele wählen die Rheinbäder der Stadt, blos wegen der Annehmlichkeiten der Umgebung. Der Fremde läßt sich dann auch erzählen von den Gefahren des verrufenen[6] Binger Lochs, welches früher manches Schiff in seine strudelnden[7] Gewässer zog, jetzt aber ohne alle Schwierigkeit befahren[8] wird. Der Thurm, welcher gleich oberhalb dieser Stelle mitten in dem Rhein steht, interessirt schon durch seinen Namen, der Mäusethurm. Man weiß nun wol jetzt, daß der Name eigentlich Mauththurm[9] geheißen hat; doch aber glaubt noch Mancher die Sage[10] von den Mäusen, welche den Thurm einst erklettert haben sollen.

[1] Bingen and the mouse-tower. [2] nach seiner westlichen Richtung, on its course westward. [3] Rheingau, Rhinegau. [4] eine engere Bahn, a narrow bed. [5] locken, to bring. [6] verrufen, famous. [7] strudelnd, boiling. [8] befahren, to pass. [9] Mauththurm, tower of customs. [10] Sage, tradition.

2. Der Erzbischof Hatto von Mainz soll nämlich¹ zur Zeit einer Hungersnoth das arme Volk nicht nur nicht unterstützt, sondern sogar verhöhnt² haben. Ja, als ihm die Klagen der Armen zu lästig³ wurden, ließ er ein Gebäude, worin sie Brot zu finden gehofft hatten, anzünden, und als das Jammergeschrei⁴ der Unglücklichen zu ihm drang⁵, äußerte⁶ er: „Hört nur, wie die Mäuslein dort pfeifen!" Allein für diesen unerhörten Frevel traf ihn sogleich das Strafgericht⁷ Gottes; denn aus allen Wänden und Winkeln seines Palastes brach⁸ ein Heer von Mäusen hervor und verfolgte den hartherzigen⁹ Erzbischof beim Essen, beim Trinken, beim Schlafen; selbst in der Kirche konnte er keine Ruhe finden. Da flüchtete sich Hatto in den Thurm, welchen er bei Bingen mitten im Rhein erbaut hatte; allein vergebens. Seine Peiniger¹⁰, die Mäuse, folgten ihm auch hierher, indem sie durch den Strom schwammen und an den Mauern in die Höhe klimmten. Vor Angst, Verzweiflung und Reue starb Hatto; der Thurm aber behielt den Namen Mäusethurm bis auf den heutigen Tag.   Curtmann.

¹nämlich, it is said. ²verhöhnen, to insult. ³lästig, troublesome. ⁴Jammergeschrei, lamentations. ⁵bringen, to reach. ⁶äußern, to say. ⁷Strafgericht, justice. ⁸hervorbrechen, to issue. ⁹hartherzig, hard-hearted. ¹⁰Peiniger, tormentor

21. Die Witwe zu Zehra¹.

1. Der Kadi zu Zehra, Benbächir, begegnete einer Witwe, welche einen Esel vor sich hertrieb² und weinte. „Warum weinst du, armes Weib?" — „Wohl³ ein armes Weib", antwortete sie; „dieser Esel, der leere Sack, welcher darauf liegt, und die Kleidung, die mich bedeckt, sind der ganze Ueberrest meiner Habe⁴; alles Uebrige hat mir der Khalif genommen." — „Und worin bestand denn deine übrige Habe?" fragte Benbächir verwundert. — „Ich besaß eine kleine Meierei⁵; sie war das Erbtheil⁶ der Vorfahren meines verstorbenen Mannes und der meinigen; sie war uns über Alles lieb, wir waren hier geboren und erzogen, unsere gemeinschaftliche⁷ Liebe nahm hier ihren Anfang⁸; noch auf dem Sterbebette bat mich mein guter Mann, dafür zu sorgen, daß unser kleines Gut, welches uns unsere Väter hinterlassen hätten, an Niemand anders gelange⁹ als an unsern Sohn, welcher vielleicht in diesem Augenblicke sein Blut für einen Herrn vergießt, der seiner Mutter Alles nimmt." — „Und

aus welchem Grunde¹⁰", fragte der Rabi, "nahm dir der Khalif dein Grundstück?"

"Er will sich ein Lustgebäude¹¹ dahin bauen lassen", antwortete die Wittwe. — "Guter Gott!" dachte der Rabi bei sich selbst, "er hat so viele Paläste und Lustgebäude, und auf einen bloßen Einfall¹², noch eins mehr zu haben, vertrieb¹³ er ein armes Weib aus ihrem Eigenthume!"

¹ The widow of Zehra. ² vor sich hertreiben, to drive before one. ³ wohl, you may well say. ⁴ Habe, fortune. ⁵ Meierei, farm. ⁶ Erbtheil, inheritance. ⁷ gemeinschaftlich, mutual. ⁸ den Anfang nehmen, to begin. ⁹ gelangen, to fall into the possession. ¹⁰ Grund, reason. ¹¹ Lustgebäude, villa. ¹² auf einen bloßen Einfall, merely upon the sudden whim. ¹³ vertreiben, to drive away.

2. "Und welchen Ersatz¹ gab er dir?" fragte Benbächir. — "Ersatz? Keinen!" antwortete die Wittwe. "Er ließ mir anfänglich eine kleine Summe anbieten; da ich aber das mir so theure Grundstück nicht verkaufen wollte, so nahm er es mir mit Gewalt."

"Hast du ihm deine traurige Lage nicht vorgestellt?" erwiderte der Rabi. — "Ich warf mich vor ihm nieder", antwortete die Wittwe, "benetzte² mit meinen Thränen seine Füße, und bat und flehte — ich sagte ihm Alles, was mir Schmerz, Kummer und Verzweiflung eingaben³." Sie konnte vor Schluchzen⁴ nicht fortfahren. "Und deine Bitten vermochten⁵ nichts über ihn?" fragte Benbächir theilnehmend⁶. — "Er wies mich mit aller möglichen Härte ab⁷!" antwortete sie weinend. Benbächir erhob die Augen gen Himmel. "Allmächtiger", seufzte⁸ er, "Vater der Menschen! Er stellt dich hier auf Erden vor und kann Die von sich weisen, die nichts verlangen, als was Gerechtigkeit und Billigkeit heischt⁹; und du übersiehst¹⁰ mit Langmuth und Gedult die unbilligsten und ungerechtesten¹¹ Bitten der Sterblichen? Weib", sagte er entschlossen¹² nach dieser stillen Pause, "überlaß mir deinen Esel und deinen Sack auf eine kurze Zeit und folge mir von ferne. Ich gelte etwas¹³ bei dem Khalifen — wo ist er jetzt?"

— "Er befindet sich eben jetzt", antwortete die Wittwe, "auf dem Grundstück, welches ich sonst mein nannte. Aber, was willst du mit dem Esel?" — "Sei unbesorgt¹⁴ und folge mir", versetzte der Rabi.

¹ Ersatz, compensation. ² benetzen, to bathe. ³ eingeben, to inspire. ⁴ vor Schluchzen, for sobbing. ⁵ vermögen, to have effect. ⁶ theilnehmend, sympathizingly. ⁷ abweisen, to repulse. ⁸ seufzen, to say with a sigh. ⁹ heischen, to require. ¹⁰ übersehen, to tolerate.

[1] unbillig und ungerecht, unjust and unreasonable. [12] entschlossen, resolutely. [13] etwas gelten, to have some influence. [14] unbesorgt sein, not to be alarmed.

3. Benbächir nahm den Esel und suchte den Khalifen auf[1]. Der Khalif bewillkommte ihn freundlich. „Ich habe dich so lange nicht gesehen", sagte er zu ihm, „und wie kommt es[2], daß ich eben jetzt dich sehe?" — „Erhabener Beherrscher[3] der Gläubigen", antwortete Benbächir, „ich habe soeben ein armes Weib gesprochen, welchem..." — „Ich errathe, was folgen wird", unterbrach ihn der Khalif in einem ernsthaften Tone, „und will nichts weiter hören. Steht es nicht in meiner Willkür[4], über Vermögen und Leben meiner Unterthanen zu gebieten?" — „Deine Macht", erwiderte Benbächir, „ist hier auf Erden unbegrenzt. Auch verlangt die arme Witwe ihr ehemaliges[5] Eigenthum nicht wieder zurück; sie bettelt blos um ein kleines Andenken, und wenn du es erlaubst, so fülle ich diesen Sack, zufolge[6] ihres Wunsches, mit Erde."

„Die kann sie haben", erwiderte der Khalif lächelnd, „und wenn sie zehn Säcke wollte. Bald, Benbächir, sollst du die Gegend nicht mehr kennen[7]! Hier soll ein prächtiger Palast errichtet werden, dort ein Wasserfall die Aussicht verschönern, und weiterhin[8] ein hoher Thurm sich erheben, von welchem man die ganze Gegend übersehen kann."

„So?[9]" erwiderte Benbächir, welcher unterdessen den Sack mit Erde angefüllt hatte. „Ich werde sogleich mein Geschäft vollendet haben, und dann, erhabener Beherrscher der Gläubigen, erlaube mir noch eine Bitte, die ebenso unbedeutend ist als die erste." — „Sie sei dir gestattet[10]", versetzte der Khalif. — „Der Sack ist gefüllt", fuhr Benbächir fort, „und nun, erhabener Beherrscher der Gläubigen, fleh' ich um deinen Beistand, ihn auf den Esel zu laden."

[1] aufsuchen, to go to look for. [2] wie kommt es? how is it? [3] erhabener Beherrscher, illustrious Ruler. [4] Willkür, power. [5] ehemalig, former. [6] zufolge, in conformity. [7] kennen, to recognize. [8] weiterhin, further off. [9] so, indeed. [10] gestatten, to grant.

4. „Welche befremdende[1] Bitte!" rief der Khalif, „wie kannst du dies von mir verlangen? Rufe meiner Sklaven einen, und er soll dir helfen." — „Erlaube, Beherrscher der Gläubigen", erwiderte der Kadi, „daß ich dich um diese Gnade bitte, daß ich flehend bitte, sie mir nicht abzuschlagen." —

2*

„Wahnsinniger", rief der Khalif, „die Last ist zu schwer für mich!" — „Zu schwer?" sagte Benbächir, „dieser Sack voll Erde, ein so kleiner Theil des Grundstücks, auf welchem wir uns befinden, scheint dir zu schwer? O Herr! und du schauderst[2] nicht bei dem Gedanken an den Tag, an welchem du vor deinem und unserm Richter erscheinen wirst? an welchem nicht blos dieser Sack voll Erde, sondern das ganze Grundstück mit allen Palästen und Thürmen, welche du darauf bauen willst, mit allen Thränen, mit welchen die Unglücklichen es benetzt haben, zur weit unerträglichern Last werden dürften[3]? Du bist hienieden[4] unbeschränkter[5] Herrscher; ein Wink[6] von dir verkürzt des Menschen Leben, und ein einziges Wort stürzt[7] Tausende in Unglück; aber es kommt eine Zeit, in welcher du mit deinem Sklaven in gleichem Range stehst!" erwiderte der Kadi.

„Ich irre mich", faßte Benbächir wieder das Wort[8], „dein größerer Vorzug hier[9] wird dir zu größerer Qual gereichen[10]. Jeder deiner Unterthanen hat nur von Dem Rechenschaft abzulegen, was er für sich besaß, und du von Allem, was wir insgesammt[11] besitzen. Leb' wohl, verzeihe deinem Sklaven die Verwegenheit."

Benbächir wollte sich entfernen. Der Khalif hielt ihn zurück. „Dir verzeihen", sagte er, „Ich bin dir Dank schuldig, daß du mich von einer großen Ungerechtigkeit zurückhältst[12] die ich schon halb begangen habe. Rufe die Witwe! Sie nehme ihr väterliches Erbtheil zurück, und um sie für die Thränen zu entschädigen, die ihr meine Härte abgepreßt[13] hat, soll ihr Grundstück von meinen Gärten um ebenso viel vergrößert[14] werden. Und du verlässest nie wieder meinen Hofstaat[15], damit ich Gelegenheit habe, dich angemessen[16] zu belohnen. Die Regenten bedürfen einen aufrichtigen Berather, der nichts scheut[17], der Wahrheit zu opfern, der sie auf ihre Fehltritte[18] aufmerksam macht und davon zurückhält; du sollst der meinige in Zukunft sein." *Liebeskind.*

[1] befremdend, strange. [2] schaudern, to tremble. [3] zur unerträglichen Last werden, to become an insupportable burden. [4] hienieden, here below. [5] unbeschränkt, absolute. [6] Wink, nod. [7] stürzen, to precipitate. [8] wieder das Wort fassen, to rejoin. [9] dein größerer Vorzug hier, your superiority here. [10] zur größeren Qual gereichen, to bring greater torment. [11] insgesammt, all together. [12] zurückhalten, to prevent doing. [13] abpressen, to make to flow. [14] um ebenso viel vergrößern, to enlarge as much again. [15] Hofstaat, court. [16] angemessen, suitably. [17] scheuen, to fear. [18] Fehltritt, fault.

22. Der Hirtenknabe[1].

1. Abbas, mit dem Zunamen[2] der Große, König von Persien, hatte sich auf der Jagd verirrt. Er kam auf einen Berg, wo ein Hirtenknabe eine Heerde Schafe weidete. Der Knabe saß unter einem Baume und blies[3] die Flöte. Die süße Melodie des Liedes und Neugierde lockten den König näher hinzu[4]; das offene Gesicht des Knaben gefiel ihm; er fragte ihn über allerlei Dinge, und die schnellen treffenden[5] Antworten dieses Kindes der Natur, das ohne Unterricht bei seiner Heerde aufgewachsen war, setzten den König in Verwunderung. Er dachte noch darüber nach, als sein Vezier dazu kam[6]. „Komm, Vezier", rief er ihm entgegen, „und sage mir, wie dir dieser Knabe gefällt." Der Vezier kam herbei[7], der König setzte seine Fragen fort, und der Knabe gab ihm auf alle Antwort. Seine Unerschrockenheit, sein gesundes Urtheil und seine offene Freimüthigkeit nahmen den König und den Vezier so sehr ein[8], daß jener beschloß, ihn mit sich zu nehmen und unterrichten zu lassen, damit man sehe, was aus dieser schönen Anlage der Natur[9] unter der Hand der Kunst werde. Wie eine Feldblume, die der Gärtner aus ihrem dürren Boden hebt[10] und in ein besseres Erdreich pflanzt, in kurzem ihren Kelch erweitert und glänzendere Farben annimmt, so bildete sich[11] auch der Knabe unvermerkt zu einem Manne von großen Tugenden aus. Der König gewann[12] ihn täglich lieber; er gab ihm den Namen Ali Beg und machte ihn zu seinem Großschatzmeister.

Ali Beg besaß alle Tugenden, die sich nur zusammen vereinigen lassen: unsträflich[13] in seinen Sitten, treu und klug in seinem Amt, freigebig und großmüthig gegen die Fremden, gefällig gegen Alle, die um etwas baten, und obgleich er der Liebling des Königs war, die bescheidenste Demuth. Was ihn aber am meisten unter den persischen Hofleuten auszeichnete, war seine Uneigennützigkeit; denn nie ließ er sich seine Dienste bezahlen; seine guten Thaten hatten die reinste Quelle, das Verlangen, den Menschen nützlich zu werden. Bei allen diesen Tugenden entging[14] er jedoch den Verleumdungen der Höflinge nicht, die seine Erhebung mit heimlichem Neide ansahen. Diese legten ihm allerlei Fallen[15] und suchten ihn bei dem Könige verdächtig zu machen. Aber Schah Abbas war ein Fürst von seltenen Eigenschaften; Argwohn und Mistrauen war für seine große Seele zu klein, und

Ali Beg blieb in Ansehen und Ruhe¹⁶, so lange sein großmüthiger Beschützer lebte.

¹ The shepherd-boy. ² mit dem Zunamen, surnamed. ³ blasen, to play. ⁴ hinzulocken, to attract. ⁵ treffend, striking. ⁶ dazu kommen, to come up. ⁷ herbeikommen, to approach. ⁸ einnehmen, to captivate. ⁹ Anlage der Natur, natural ability. ¹⁰ heben aus, to take out. ¹¹ sich bilden, to become. ¹² lieb gewinnen, to grow attached. ¹³ unsträflich, irreproachable. ¹⁴ entgehen, to escape. ¹⁵ Falle, snare. ⁶ Ruhe, peace.

2. Zum Unglück starb dieser große König, und Schah Sefi, der ihm folgte, schien die Wehklagen¹ seiner Völker zu rechtfertigen. Er war das völlige Widerspiel² seines Vorgängers, voll Mistrauen, Grausamkeit und Geiz. Einen solchen Oberherrn³ hatten Ali's Feinde erwartet, und ihr verborgener Neid wurde sogleich wieder sichtbar. Sie brachten täglich Verleumbungen gegen den Schatzmeister an⁴, auf die der König anfangs nicht achtete, bis eine jenen erwünschte Begebenheit⁵ die Anklagen zu rechtfertigen schien.

Der König verlangte einen kostbaren Säbel zu sehen, den Schah Abbas vom türkischen Kaiser zum Geschenk bekommen hatte, und dessen einige Hofleute gedachten⁶. Der Säbel war nicht zu finden, obgleich er in dem nachgelassenen Verzeichnisse⁷ des großen Abbas verzeichnet war, und so fiel Schah Sefi's Verdacht auf den Schatzmeister, daß dieser ihn veruntreut⁸ habe. Dies war, was seine Feinde wünschten; sie verdoppelten ihre Beschuldigungen und schilderten ihn als den ärgsten Betrüger. „Er hat viele Häuser zur Bewirthung⁹ der Fremden gebaut", sagten sie, „und andere öffentliche Gebäude mit großen Kosten aufführen lassen. Er kam als ein armer Knabe an den Hof, und doch besitzt er jetzt unermeßliche Reichthümer. Woher könnte er alle die Kostbarkeiten, womit sein Haus angefüllt ist, haben, wenn er nicht den königlichen Schatz bestähle?" Ali Beg trat eben zum König hinein, als ihn seine Feinde so verklagten, und mit zornigen Blicken sprach der König: „Ali Beg, deine Untreue ist kund worden¹⁰, du hast dein Amt verloren, und ich befehle dir, in vierzehn Tagen Rechnung abzulegen." Ali Beg erschrak nicht, denn sein Gewissen war rein; aber er bedachte¹¹, wie gefährlich es sein würde, seinen Feinden vierzehn Tage Zeit zu lassen, ehe er seine Unschuld bewiese. „Herr", sprach er, „mein Leben ist in deiner Hand. Ich bin bereit, die Schlüssel des königlichen Schatzes und den Schmuck der Ehre¹², den du mir gegeben hast, heute oder morgen vor

beinem Throne niederzulegen, wenn du deinen Sklaven mit
deiner Gegenwart begnadigen willst[13]."

[1] Wehklagen, complaint. [2] das völlige Widerspiel, the exact opposite. [3] Oberherr, sovereign. [4] anbringen, to bring. [5] eine jenen erwünschte Begebenheit, one of those wished for events. [6] gedenken, to mention. [7] Verzeichniß, inventory. [8] veruntreuen, to embezzle. [9] Bewirthung, entertainment [10] kund werden, to come to light. [11] bedenken, to reflect. [12] der Schmuck der Ehre, the insignia of honour. [13] begnadigen, to honour.

3. Diese Bitte war dem Könige höchst willkommen; er genehmigte sie und besichtigte[1] gleich des andern Tages die Schatzkammer. Alles war in der vollkommensten Ordnung, und Ali Beg überführte ihn, daß Schah Abbas den vermißten[2] Säbel selbst herausgenommen und mit den Diamanten ein anderes Kleinod habe schmücken lassen, ohne es jedoch in seinem Verzeichnisse zu bemerken. Der König konnte nichts dagegen einwenden; allein Mistrauen ist ungerecht und findet sich beleidigt, wenn es sich in seinen selbst falschen Muthmaßungen betrogen sieht. Er ersann[3] daher einen Vorwand, und begleitete den Schatzmeister in sein Haus, um die vielen Kostbarkeiten zu finden, von denen ihm seine Höflinge gesagt hatten. Zu seiner großen Verwunderung aber war auch hier Alles anders. Gemeine Tapeten deckten die Wände; die Zimmer waren mit nicht mehr als nothbürftigem Hausrath[4] versehen, und Sefi mußte selbst gestehen, ein mittelmäßiger Bürger wohne köstlicher als der Schatzmeister seines Reichs. Er schämte sich dieser zweiten Täuschung und wollte sich entfernen, als ihm ein Höfling eine Thür am Ende der Galerie zeigte, die mit starken eisernen Riegeln verschlossen war. Der König ging näher und fragte den Ali Beg, was er unter so großen Schlössern und Riegeln verwahre? Ali Beg schien erschrocken; er erröthete heftig, erholte sich[5] aber wieder und sprach: „Herr! in diesem Gemache bewahre ich das Liebste, das ich auf der Welt habe, mein wahres Eigenthum. Alles, was du in diesem Hause gesehen hast, gehöret dem Könige, meinem Herrn; was dieses Zimmer enthält, ist mein; aber es ist ein Geheimniß; ich bitte dich, verlange es nicht zu sehen."

[1] besichtigen, to inspect. [2] vermißt, missing. [3] ersinken, to find out. [4] den nothbürftigen Hausrath, the most necessary furniture. [5] sich erholen, to recover one's self.

4. Dies ängstliche[1] Betragen schien dem argwöhnischen Sefi Ausdruck der Schuld[2], und er befahl mit Heftigkeit,

die Thür zu öffnen. Das Gemach that sich auf³, und siehe da, vier weiße Wände, mit einem Hirtenstabe, einer Flöte, einem schlechten Kleide und einer Hirtentasche geschmückt, das waren die Schätze, welche die eisernen Riegel und Schlösser verwahrten. Alle Anwesenden erstaunten, und Schah Sefi schämte sich zum dritten male, als Ali Beg mit der größten Bescheidenheit also sprach: „Mächtiger König, als mich der große Abbas auf einem Berge antraf, wo ich meine Heerde hütete, waren diese Armseligkeiten⁴ mein ganzer Reichthum. Ich verwahrte sie seitdem als mein einziges Eigenthum, das Denkmal meiner glücklichsten Kindheit, und der großmüthige Fürst war zu gütig, als daß er mir es hätte nehmen wollen. Ich hoffe, Herr, auch du wirst es mir nicht nehmen und mich mit ihm in jene friedlichen Thäler zurückkehren lassen, wo ich in meiner Dürftigkeit glücklicher als im Ueberfluß deines Hofes war."

Ali schwieg, und alle Umstehenden waren bis zu Thränen gerührt. Der König zog sein Kleid aus und legte es ihm an (ein Zeichen der höchsten Gnade); der Neid und die Verleumbung waren mit Scham geschlagen⁵, und sie durften sich gegen diesen Edlen⁶ nie wieder erheben. Ali lebte lange und genoß die Belohnung seiner Tugend. Liebe und Verehrung bei seinem Leben, und nach seinem Tode waren Thränen die stillen Lobreden⁷ auf seinem Grabe. Alle Einwohner der Stadt begleiteten seine Leiche, und noch im Munde der Nachwelt hieß es immer: der edle und uneigennützige Ali. *Liebeskind.*

¹ ängstlich, frightened. ² Schuld, guilt. ³ sich aufthun, to fly open. ⁴ Armseligkeiten, worthless articles. ⁵ mit Scham geschlagen, confounded. ⁶ Edler, noble character. ⁷ die stillen Lobreden, the silent elogy.

23. Der Mann von Roß.

1. Zu Roß, einem Flecken¹ in der Graffschaft Hereford, lebte im Anfang des vorigen Jahrhunderts ein Edler², dessen ganzes Leben in Freuden der Wohlthätigkeit hinfloß. Sein Name war John Kyrle; aber unter diesem war er kaum bekannt: er hieß in der ganzen Gegend bei Alt und Jung nicht anders als der Mann von Roß.

Eine Tugend, die so rein und von aller Nebenabsicht³ so entfernt ist, wie sie es bei diesem Manne war, wird selten gefunden. Trotz seiner Bauten und neuen Einrichtungen⁴ hat er seinen Namen, seine Familie, seine Verdienste in keiner Inschrift, keinem Denkmal verewigen wollen⁵. Er fand sich reichlich belohnt durch die Zufriedenheit seiner Seele, die kein anderes Begehren⁶ kannte, als Menschenglück zu vermehren und Menschenelend zu mindern. Denn nicht genug, daß er einer Menge von Armen wöchentlich ihr Brot austheilte, daß er alljährlich eine Anzahl verwaister Kinder in Versorgung brachte⁷ oder in die Lehre gab⁸; daß er zum Beistande jedes Kranken, von dem er hörte, mit Rath und Arzneien bereit war; daß er Streitigkeiten seiner Mitbürger immer mit Weisheit und Billigkeit schlichtete⁹: er unternahm auch große kostbare¹⁰ Werke, die ohne fürstlichen Aufwand¹¹ nicht vollbracht werden konnten. Mitten durch ein unwegsames¹² Thal ließ er eine bequeme, geräumige Straße pflastern, sie mit Reihen schattiger Bäume bepflanzen und Ruhebänke für ermüdete Wanderer in gehörigen¹³ Entfernungen aufstellen. Die nackten Gipfel benachbarter Berge, die der Gegend eine unwirthliche Ansicht¹⁴ gaben, bedeckte er mit Waldung, leitete frische Quellen in die Ebene, um Menschen und Vieh zu erquicken¹⁵, und machte durch alles dieses die Gegend belebter, fruchtbarer und schöner. Der Kirche des Fleckens fehlte ein Thurm; aus eigenen Mitteln baute er ihn auf. Es fehlte an einem Versorgungshause¹⁶ für Alte und Unvermögende; er, ohne Beisteuer¹⁷ zu sammeln, ließ den Grund¹⁸ dazu legen, vollendete es und versorgte die Anstalt mit Einkünften¹⁹. Noch jetzt wird sein Andenken von Greisen und Kranken, die dort Verpflegung²⁰ finden, gesegnet.

¹ Flecken, market-town. ² Edler, noble minded man. ³ Nebenabsicht, interested motives. ⁴ Einrichtung, institution. ⁵ verewigen wollen, to wish to be recorded. ⁶ Begehren, desire. ⁷ in Versorgung bringen, to provide for. ⁸ in die Lehre geben, to apprentice. ⁹ Streitigkeiten schlichten, to adjust the quarrels. ¹⁰ kostbar, expensive. ¹¹ fürstlicher Aufwand, princely fortune. ¹² unwegsam, impassable. ¹³ gehörig, convenient. ¹⁴ unwirthliche Ansicht, inhospitable appearance. ¹⁵ erquicken, to revive. ¹⁶ ein Versorgungshaus, a charitable establishment. ¹⁷ Beisteuer, subscription. ¹⁸ Grund, foundation. ¹⁹ mit Einkünften versorgen, to endow. ²⁰ Verpflegung, asylum.

2. Als der edle, lebensmüde¹ Greis in seinem neunzigsten Jahre entschlief², hörte man in Roß und in der ganzen Gegend umher³ laute Klagen. Alles drängte sich hinzu⁴, um die Züge des Menschenfreundes noch einmal zu sehen; Alle wollten die erstarrten⁵ wohlthätigen Hände noch einmal küssen. Natürlich schließt⁶ man aus einer so fürstlichen Wohl-

thätigkeit, daß sie von ungewöhnlichen Reichthümern unterstützt worden sei; daß dieser Edle entweder zahlreiche Landgüter⁷ besessen, oder ausgebreiteten Handel betrieben⁸, oder einige ergiebige⁹ Bergwerke gebaut¹⁰. Aber im Gegentheile, nach britischem Maßstabe¹¹ war er so wenig reich, daß er nur eben wohlhabend¹² genannt werden konnte; der einzige Vortheil, daß er in ehelosem Stande und bis zu so hohem Alter hinauf lebte¹³, kam seinem edlen Eifer zu Statten¹⁴. Sein jährliches Einkommen betrug, nach entrichteten Abgaben, nur fünfhundert Guineen. Mit diesen so eingeschränkten Mitteln konnte sparsame Genügsamkeit¹⁵, im Bunde¹⁶ mit unermüdeter Menschenliebe, solche Wunder verrichten.

Pope, der in seinen Schriften das Andenken dieses Mannes verherrlichte¹⁷, ruft aus: „Erröthe, o Größe! Falscher Glanz stolzer Höfe, verschwinde¹⁸!" Und wahrlich, nicht blos erröthen, vor Scham vergehen¹⁹ sollten Manche, die mit weit mehr Beruf²⁰ und mit viel größern Mitteln zum Wohlthun auch nicht ein einziges Denkmal von Milde und Großmuth²¹ stiften; die, wenn sie in die Gruft hinabfahren²², weiter nichts hinterlassen, als Thränen von Unterdrückten, und manchmal noch gar eine Schuldenlast²³, die Flüche über ihr Andenken erweckt²⁴. Engel.

¹ lebensmüde, weary of life. ² entschlafen, to expire. ³ die Gegend umher, the surrounding country. ⁴ hinzudrängen, to flock together. ⁵ erstarrt, stiff and cold. ⁶ schließen, to conclude. ⁷ Landgut, estate. ⁸ einen ausgebreiteten Handel betreiben, to carry on an extensive trade. ⁹ ergiebig, productive. ¹⁰ bauen, to work. ¹¹ nach britischem Maßstabe, according to English estimate. ¹² wohlhabend, independent. ¹³ in ehelosem Stande leben, to live a single life. ¹⁴ zu Statten kommen, to favour. ¹⁵ sparsame Genügsamkeit, strict economy. ¹⁶ im Bunde, united. ¹⁷ verherrlichen, to immortalize. ¹⁸ verschwinden, to vanish. ¹⁹ vor Scham vergehen, to die for shame. ²⁰ Beruf, obligation. ²¹ Milde und Großmuth, charity and beneficence. ²² hinabfahren, to go down. ²³ Schuldenlast, quantity of debts. ²⁴ Flüche erwecken, to call forth a curse.

24. Das Handelshaus Gruit.

Wenn die Noth am größten, ist Gott am nächsten.

1. Das Handelshaus Gruit von Steen war im Anfange des siebenzehnten Jahrhunderts eines der angesehensten¹ und reichsten in Hamburg. Aber der verheerende² Dreißigjährige Krieg machte seine traurigen Folgen³ zuletzt auch

ihm fühlbar, und zwar um so mehr⁴, je ausgebreiteter die Geschäfte des Hauses früher⁵ gewesen waren. Städte und Dörfer waren zu Hunderten⁶ verheert⁷ und verlassen, und bei der Unsicherheit⁸ der Straßen war es kein Wunder, daß der Handel stockte⁹ und vorzüglich der Absatz¹⁰ in das Innere von Deutschland gering¹¹ war. Ein Kaufmann nach dem andern wurde unfähig zu zahlen¹², und zog auch jenes Handelshaus in seine Verluste mit hinein¹³. Dagegen¹⁴ wagte das große Seeschiff, sein Eigenthum, welches an der Mündung der Elbe lag, des Krieges wegen nicht auszulaufen, und die gangbarsten¹⁵ Waaren mußten von den Holländern zu außerordentlich hohen Preisen aus der zweiten Hand erkauft werden.

Hermann Gruit, der Besitzer der Handlung, saß mit dem alten Jansen, einem erfahrenen Diener des Hauses¹⁶, ums Jahr 1638 in der Schreibstube und verglich mit ihm die großen Bücher. „So thut es nicht länger gut¹⁷!" sagte dieser endlich, „wir müssen es anders anfangen¹⁸. Ueberlaßt¹⁹ mir auf ein Jahr das Schiff und soviel Geld und Nürnberger Waaren als möglich, und laßt mich damit selbst nach der Neuen Welt (Amerika) segeln; Ihr wißt, ich bin in jüngern Jahren schon zwei mal dort gewesen und verstehe das Geschäft; mit Gott wird es mir gelingen²⁰."

¹ angesehen, considerable. ² verheerend, fatal. ³ traurige Folgen, sad effects. ⁴ und zwar um so mehr, and the more so. ⁵ früher, previously. ⁶ Städte zu Hunderten, hundreds of towns. ⁷ verheeren, to lay waste. ⁸ bei der Unsicherheit, with the insecurity. ⁹ stocken, to be at a stand. ¹⁰ Absatz, sale. ¹¹ gering, trifling. ¹² unfähig zu zahlen, insolvent. ¹³ mit hineinziehen, to involve. ¹⁴ dagegen, besides which. ¹⁵ gangbar, saleable. ¹⁶ Haus, firm. ¹⁷ so thut es nicht länger gut, it cannot go on well longer in this way. ¹⁸ es anders anfangen, to try some other means. ¹⁹ überlassen, to entrust. ²⁰ gelingen, to succeed.

2. Die beiden Männer berathschlagten miteinander über diesen Einfall¹, und nachdem sie die mögliche Gefahr und den möglichen Vortheil auf das beste erwogen hatten², kamen sie dahin überein, daß Jansen abreisen sollte. Vier Wochen später schritt³ Herr von Steen in seinem Rathsherrngewande⁴, den alten Buchhalter neben sich, dem Hafen zu, wo eine große Menschenmenge⁵ der Abfahrt des stattlichen Schiffes harrte⁶. Einige Handelsfreunde traten grüßend auf sie zu⁷ und äußerten bedenklich, sie wünschten, Herr Hermann möge bei dieser Ausrüstung⁸ nicht zu viel gewagt haben. Aber Jansen

antwortete: „Lasset es euch nicht anfechten⁹, ihr Herren; ich hoffe fest, wir sehen uns gesund und freudig wieder; denn ich traue auf das gute Sprichwort: Gott verläßt keinen Deutschen!"

Da donnerte der erste Signalschuß zur Abfahrt¹⁰, und das Boot, welches den alten Jansen zum Schiffe führen sollte, hatte eben gelandet. Noch einmal drückte er seinem Herrn die Hände, dann stieg er schnell ein und schiffte hinüber¹¹. Jetzt wurde der große Anker aufgewunden, der letzte Kanonenschuß ward gelöst¹², alle Wimpel flaggten und mit vollen Segeln flog das Schiff dahin¹³, dem Meere entgegen.

¹ Einfall, idea. ² auf das beste erwägen, to weigh maturely. ³ zuschreiten, to walk. ⁴ das Rathsherrngewand, the senatorial robes. ⁵ eine große Menschenmenge, a great concourse of people. ⁶ harren, to wait to see. ⁷ auf jemand zutreten, to advance towards. ⁸ bei dieser Ausrüstung, in equipping this vessel. ⁹ sich anfechten lassen, to make one's self uneasy. ¹⁰ das Signal zur Abfahrt, the signal of departure. ¹¹ hinüberschiffen, to row across. ¹² lösen, to fire. ¹³ dahin fliegen, to fly on.

3. Drei Vierteljahre gingen vorüber, und kein Jansen kehrte zurück oder ließ auch nur etwas von sich hören¹; wol aber verbreiteten sich dunkle Gerüchte von deutschen Handelsschiffen, die in der Gegend von Neu=Amsterdam gescheitert seien. Die Miene² des Herrn Hermann Gruit wurde immer bedenklicher³. Einen großen Verlust nach dem andern erlitt er durch den Fall⁴ mehrer Handlungshäuser zu Braunschweig, Nürnberg, Augsburg und Ulm, und täglich noch trafen neue Unglücksbriefe⁵ ein. Am Jahresschlusse verglich er seine Bücher — und was er gefürchtet hatte, erwies sich als Wahrheit⁶: die Schulden überstiegen sein Vermögen. Da legte er langsam die Feder weg, klappte leise das Buch zu⁷ und ging, schwer seufzend, aus der Schreibstube hinauf in das Familienzimmer. Dort kleidete er sich in seine volle Amtstracht als Rathsherr⁸, küßte seine Frau und seine drei Knaben, und ging mit der Aeußerung⁹, daß heute Sitzung sei, hinunter. Die grüne Gasse¹⁰ entlang schritt er dem Rathhause zu; ein Diener trug ihm das schwere Hauptbuch¹¹ nach. Im Rathssaale legte er vor den erstaunten Amtsgefährten¹² die Ehrenzeichen seiner Würde ab und erklärte seine Zahlungsunfähigkeit.

¹ er ließ nichts von sich hören, no tidings were heard of him. ² Miene, countenance. ³ bedenklich, earnest. ⁴ Fall, failure. ⁵ neue Unglücksbriefe, letters announcing further misfortunes. ⁶ sich als Wahr-

heit erweisen, to prove to be true. ⁷ zullappen, to shut. ⁸ Raths-
herr, senator. ⁹ mit der Aeußerung, saying. ¹⁰ die grüne Gasse,
Green-Street. ¹¹ Hauptbuch, ledger. ¹² Amtsgefährte, colleague.

4. Man kann denken, wie groß das Staunen Aller war,
daß das große Haus Gruit von Steen zu zahlen aufhören
müsse¹. Indeß überzeugten sie sich aus der genauen Ansicht
der Bücher, daß Hermann an seinem Unglück nicht schuld
sei, und beschlossen, ihm noch eine halbjährige Frist² zu gestatten, als die äußerste Zeit³, in welcher man Jansen noch
zurückerwarten könne, wenn das Schiff nicht verunglückt⁴ wäre.

Aber das halbe Jahr verfloß; es vergingen zwei Monate
darüber⁵ — und Jansen war nicht gekommen. Herrn Hermann's Umstände aber hatten sich noch verschlimmert⁶. Da
drangen⁷ die schon durch die bewilligte Frist⁸ erbitterten
Gläubiger so ungestüm auf die strenge Vollziehung des Gesetzes und die Versteigerung aller ihrem Schuldner gehörigen
Sachen, daß die Obrigkeit der Gerechtigkeit seinen Gang
lassen⁹ mußte. Alles wurde unter Riegel gelegt¹⁰ und dem
armen Gruit nebst seiner Familie blieb nur noch das kleine
Stübchen, wo sonst der Hausknecht geschlafen, links am Haupt-
eingange des Hauses.

Die Versteigerung begann: sie geschah¹¹ in dem geräu-
migen Schreibzimmer, jenem Stübchen gegenüber; man konnte
hier die laute Stimme des Ausrufers deutlich hören. Mit
jedem Niederfallen des Hammers fuhr es dem Herrn Hermann wie ein Schwert durchs Herz¹². Er saß tiefsinnig¹³
am Fenster und starrte das Schild seines Nachbars, des
Wirths zum Westindienfahrer¹⁴, an. Die Frau saß in der
Tiefe¹⁵ der Stube mit rothgeweinten Augen. Die Knaben
aber spielten mit dem großen Hund.

¹ zu zahlen aufhören, to stop payment. ² eine halbjährige Frist,
half a year's time. ³ die äußere Zeit, the latest terms. ⁴ verunglücken,
to be lost. ⁵ darüber, more. ⁶ sich noch verschlimmern, to become
still worse. ⁷ dringen, to demand. ⁸ die bewilligte Frist, the delay
that had been granted. ⁹ seinen Gang lassen, to take its course.
¹⁰ unter Riegel legen, to put under lock and key. ¹¹ geschehen, to
take place. ¹² durchs Herz fahren, to go through the heart. ¹³ tief-
sinnig, absorbed in thought. ¹⁴ Westindienfahrer, West-Indian-Navi-
gator. ¹⁵ in der Tiefe, at the upper end.

5. Da trat der Rathsdiener¹ hinein und sagte mitleidig:
„Herr Senator, den Lehnsessel² soll ich holen."

Herr Hermann seufzte und Thränen traten in seine Augen; in diesem, mit grünem Sammet beschlagenen³ Lehnsessel

war sein seliger[4] Vater sanft entschlafen[5], und er war
darum als ein Heiligthum[6] im Hause gehalten. Doch er
wurde nun herausgetragen, und die ganze Familie folgte ihm
nach, als könnte sie sich nicht von ihm trennen. Der Ver-
steigerer rief: „Ein noch guter[7] Lehnsessel, mit Sammet beschlagen!" — und eine lange Pause folgte, weil sich alle
Blicke nach den jammernden[8] Hausbewohnern wandten. Endlich bot[9] Jemand darauf mit vier Mark, und der Auctionator
rief mismuthig[10]: „Also vier Mark zum Ersten!"

In diesem Augenblicke rief eine starke Baßstimme zum
offenen Fenster hinein: „Vierhundert Mark zum Ersten!"
Alles staunte; der Hund drängte sich gewaltsam[11] und freudig bellend vor das Haus. Jetzt trat ein Mann in Schiffertracht[12] ins Zimmer und rief nachdrücklich[13], indem er mit
seinem spanischen Rohre[14] auf den Tisch schlug: „Vierhundert Mark zum andern, zum dritten und letzten mal!"

„Gott, unser Jansen!" rief Herr Hermann — und fiel
ihm um den Hals. Der aber fuhr fort: „Ja, ich bin's, und
unser Schiff liegt voll Gold und Waaren im Hafen. Die
Auction ist aus[15]! Fort jetzt[16], ihr Alle, morgen kommt aufs
Rathhaus, da soll Alles, sammt den Interessen, bezahlt werden; denn wissen sollt ihr, unser Herrgott lebt noch[17], und
das Haus Hermann Gruit von Steen steht[18] noch — und
nun erst seid freudig gegrüßt in der Heimat, mein Herr Hermann und Frau Elisabeth von eurem alten Jansen!"

Ps. 37, 5. Befiehl[19] dem Herrn deine Wege und hoffe
auf ihn; er wird's wol machen[20].　　　　　　Stern.

[1] Rathsdiener, beadle. [2] Lehnsessel, easy chair. [3] beschlagen, co-
vered. [4] selig, departed. [5] entschlafen, to breathe his last. [6] als
ein Heiligthum halten, to hold sacred. [7] noch guter, in good pre-
servation. [8] jammernd, bewailing. [9] bieten, to bid. [10] mismuthig,
dissatisfied. [11] sich gewaltsam vordrängen, to force one's way out.
[12] Schiffertracht, a sailor's costume. [13] nachdrücklich, emphatically.
[14] spanisches Rohr, cane. [15] aus, over. [16] fort jetzt, now be off.
[17] unser Herrgott lebt noch, there is still a God. [18] stehen, to exist.
[19] befehlen, to commit. [20] er wird's wol machen, He shall bring it
to pass.

25. Ehrlich währt am längsten[1].

1. Ein Schotte, Namens Farquhar, kam im Sommer
1825 nach einer Seestadt im nördlichen Frankreich in der
Absicht[2], einige Wochen daselbst zuzubringen. Gleich in den
ersten Tagen verlor er seine Börse, welche alles Geld ent-
hielt, das er bei sich hatte, und er wußte, daß, wenn er sie

nicht wiedererhielt³, er in die größte Verlegenheit kommen würde⁴. Nach vergeblichen Nachsuchungen⁵ rieth ihm sein Wirth, dem Präfecten die Sache zu berichten. Der Präfect empfing Herrn Farquhar mit all der Höflichkeit, welche ein Franzose stets dem Fremden erweist, und er versprach ihm jeden Beistand. Er schickte⁶ sogleich mehre Polizeidiener⁷ ab, um in allen Stadttheilen Erkundigungen einzuziehen⁸ und genau darauf zu achten, ob man etwa irgend einen Armen eine außerordentliche oder ungewöhnliche Summe Geldes ausgeben sähe. Er bat Herrn Farquhar am nächsten Tage wiederzukommen, wo ihm dann das Ergebniß der Nachsuchungen mitgetheilt werden solle.

Verlassen wir diesen in seiner Trauer auf einen Augenblick, und wenden wir uns zu einer kleinen Hütte am Ufer des Meeres, welche von Pierre Leroux, einem armen Fischer, bewohnt ward. Wir finden Niemanden im Hause als Katharine, seine Frau, deren Gedanken in die Ferne schweiften⁹, nach ihrem Manne und den Kindern, welche früh am Morgen auf den Fischfang ausgegangen waren und deren verlängerte¹⁰ Abwesenheit sie beunruhigte¹¹. „Ach, mein armer Pierre", dachte sie bei sich, „wie muß er doch fortwährend sein Leben in dem alten Boote wagen! Er kommt gar nicht wieder, es muß ihm irgend etwas begegnet sein. Wenn er nur ein anderes Boot hätte, so würde ich nicht so viel daran denken¹²; aber es ist auch gar zu sehr abgenutzt¹³ und erbärmlich. Hätten wir doch nur Geld, um ein anderes zu kaufen oder dieses ausbessern zu lassen. Aber die Kinder müssen gespeist werden¹⁴, wenn auch noch¹⁵ so ärmlich, und die Jungen müssen Jacken haben, und das Geld, welches wir ersparen, geht für die Ausbesserung der Netze dahin, welche auch schon alt und schlecht werden¹⁶. Ach Gott! ein Fischer hat doch ein entsetzliches Leben, zumal, wenn er nur ein altes elendes Boot besitzt!"

¹ Honesty is the best policy. ² in der Absicht, with a design. ³ wiedererhalten, to recover. ⁴ kommen, to be reduced. ⁵ Nachsuchung, research. ⁶ abschicken, to dispatch. ⁷ Polizeidiener, officer of police. ⁸ Erkundigungen einziehen, to make enquiries. ⁹ schweifen, to be absent (with). ¹⁰ verlängern, to lengthen. ¹¹ beunruhigen, to fill with apprehension. ¹² denken, to mind. ¹³ abgenutzt, worn out. ¹⁴ speisen, to feed. ¹⁵ wenn auch noch, though ever. ¹⁶ werden, to be getting.

2. Hier wurde das Selbstgespräch¹ durch den Eintritt ihrer Tochter Johanna unterbrochen, eines jungen Mädchens von etwa acht Jahren, welche nur schlecht gekleidet und barfuß ging.

„Ach Mutter, liebe Mutter", rief das Kind aus, „sieh nur, was ich habe!" — und sie hielt² ihr eine rothe seidene Börse hin, welche dem Anscheine nach³ gut gefüllt war.

„Wie bist du denn zu diesem gekommen⁴?" sagte die Mutter, „du hast es doch nicht gestohlen?"

„O nein!" antwortete das Kind, „ich würde sehr unglücklich sein, wenn ich so etwas Gottloses⁵ gethan hätte; ich habe sie gefunden. Als ich eben den Felsen heraufkletterte, um zu sehen, ob des Vaters Boot bald käme, da bemerkte ich zufällig etwas Rothes und Schönes im Sande liegen, gerade neben dem großen Steine, der zu einem Sitze gemacht ist. Mit einem Sprunge⁶ war ich herunter und — da ist sie. Ach was ist das für eine schöne Börse — und so voll!"

Katharina hatte sie während dessen⁷ ihres Inhalts entledigt und neunundvierzig Goldstücke aufgezählt und etwas kleines Geld. Sie hatte noch nie so viel Geld beisammen gesehen und konnte kaum ihren Augen trauen und zählte es unaufhörlich über⁸, um sich zu überzeugen, daß sie nicht träumte. Sie war in ihrer Weise⁹ ein gutes und ehrliches Geschöpf und würde durchaus nicht das Geringste gestohlen haben. Aber die nahe Verbindung¹⁰ zwischen Stehlen und Gefundenes Behalten begriff sie nicht recht. Es fiel ihr gar nicht ein¹¹, daß das Geld nicht ihr rechtmäßiges Eigenthum geworden, und sie fing deshalb schon an, darüber zu verfügen, indem sie es für die Befriedigung einer großen Menge von Bedürfnissen bestimmte. Die erste und nothwendigste Sache war ein neues Boot, sodann neue Kleider für sie und ihre Kinder, dann ein Bett, ein Tisch, eine Kuh und vielleicht noch gar ein besseres größeres Häuschen. Ihre beschäftigte Phantasie schweifte¹² über alle Gegenstände dahin, deren sie bedurfte oder vielleicht später bedürfen könnte. Das Geld schien ihr unerschöpflich, und in zehn Minuten hatte sie es im Geiste mehr denn zehn mal ausgegeben.

¹ Selbstgespräch, soliloquy. ² hinhalten, to show, to present. ³ dem Anscheine nach, apparently. ⁴ kommen, to get. ⁵ Gottloses, wicked thing. ⁶ Sprung, hop. ⁷ während dessen, by this time. ⁸ überzählen, to count over. ⁹ Weise, way. ¹⁰ Verbindung, connexion. ¹¹ einfallen, to occur. ¹² schweifen, to run.

3. Mitten in¹ diesen angenehmen Betrachtungen kam auf einmal Pierre nebst seinen Söhnen zurück, ganz naß, müde, kalt, hungrig und traurig über die erfolglos gebliebene Arbeit.

„Denke nicht weiter² an die Fische", sagte seine Frau, „ich habe etwas, das ebenso viel werth ist als alle Fische, die du in einem Jahre fangen kannst. Sieh nur, was ich da habe³!"

Bei dem Anblicke der Börse blickte Pierre auf sie mit Erstaunen und Schrecken.

„Wie kamst du dazu?" fragte er.

„Auf eine ganz ehrliche Weise. Johanna fand sie im Sande, vermuthlich wird sie Jemand haben fallen lassen."

„Was willst du denn nun damit anfangen⁴?" entgegnete der Mann.

„Damit anfangen? — Je nun⁵ — Alles kaufen, dessen wir bedürfen. Du sollst die Hälfte des Geldes bekommen, um dir ein neues Boot zu kaufen, und den übrigen Theil werde ich dazu verwenden, um einige neue Kleider zu erstehen und andere Bedürfnisse zu befriedigen. Ich habe unserer Johanne schon am vergangenen Neujahrstage einen neuen Rock⁶ versprochen, konnte das Geld dafür noch immer nicht zusammenbringen⁷; doch jetzt —"

„Katharina", unterbrach sie Pierre mit großem Ernste, „dies Geld gehört uns nicht; — es geht uns durchaus nichts an!"

„Uns nicht, wem gehört es denn?"

„Die Börse gehört ihrem Eigenthümer, — der Person, welche sie verloren hat."

„Aber wir wissen ja nicht, wer das ist."

„Wir müssen uns bemühen, den Besitzer ausfindig zu machen. Wenn wir das Geld behalten, so sind wir nicht besser als Diebe."

Ich möchte um Alles in der Welt nicht stehlen; aber ich sehe doch kein Unrecht darin, daß wir behalten, was wir finden."

„Wenn ich nun meine Netze verloren hätte, würde dann ein Mensch, der sie fände, das Recht haben, sie als sein Eigenthum zu behalten, ohne sich zu bemühen, denjenigen ausfindig zu machen, dem sie gehören?"

„O gewiß nicht — aber du bist auch nur ein Fischer, und es wäre wirklich schändlich⁸, einem armen Manne, wie du bist, etwas wegzunehmen. Aber die Börse gehört gewiß irgendeinem Reichen, der sie leicht entbehren kann, und das macht doch natürlich⁹ einen großen Unterschied."

„In Beziehung auf ihn allerdings — aber nicht auf uns. Unser Unrecht würde ganz dasselbe sein."

¹ mitten in, in the midst. ² denke nicht weiter, never mind. ³ was ich habe, what I have got. ⁴ anfangen, to do. ⁵ je nun, why. ⁶ Rock,

petticoat. ⁷zuſammenbringen, to get. ⁸ſchändlich, shocking. ⁹natür-
lich, of course, to be sure.

4. Katharina ſtellte ihrem Manne nun den elenden Zu-
ſtand ſeines Bootes vor und behauptete, daß er ſtets ſein
Leben und das ſeiner Kinder aufs Spiel ſetze. Der arme
Pierre ſeufzte. Sie breitete das Geld auf den Tiſch aus.
Pierre blickte darauf hin und dann auf ſeine Kinder, welche
mit großer Eßluſt ihre elende¹ Speiſe verſchlangen²? Er
fühlte, wie ſeine Standhaftigkeit nachgab³. Die ſtarken⁴
Gründe, mit denen er ſie unterſtützt hatte⁵, ſchienen ſchwach
neben der mächtigen Verſuchung. Seine Frau bemerkte den
Erfolg ihrer Rede und fuhr fort: „Wie kannſt du nur ſo
thöricht ſein, dieſe Gabe ausſchlagen zu wollen⁶, die uns
Gott verliehen hat?"

Bei dem Namen Gottes fuhr Pierre plötzlich aus ſeiner
Träumerei auf, in die er verſunken⁷, und friſcher Muth
drang in ſein Herz. „Nein", rief er aus, „Gott führt uns
nicht in ſolche Verſuchungen, — die kommen von einer andern
Seite⁸. Wenn du mich nun lieb haſt, Katharina, ſo lege
das Geld weg und rede nicht mehr davon."

Katharina folgte⁹ dem erſten Theil der Auffoderung¹⁰
ihres Mannes und legte die Börſe in einen Schubkaſten¹¹;
das Andere war ihr unmöglich. Pierre klagte über Müdig-
keit und ging zu Bett, aber er hatte wenig Schlaf und nach
vielen unruhigen Träumen erwachte er ſehr früh, trübſinnig
und ohne ſich neugeſtärkt zu fühlen.

„Ich will dies nicht länger tragen", dachte er bei ſich,
„ſo lange dieſe elende¹² Börſe im Hauſe iſt, werde ich weder
am Tage noch bei Nacht Frieden haben."

Er ſagte nichts, damit er ſeine Frau nicht aufweckte,
nahm die Börſe ganz leiſe aus dem Kaſten, und indem er
ſich ohne Geräuſch davon ſtahl, eilte er nach dem Hauſe des
Präfecten, in der Abſicht, ihm die Börſe abzuliefern und ſie
ihm zu überlaſſen, um den rechtmäßigen Eigenthümer ausfindig zu machen.

¹ elend, scanty. ² verſchlingen, to devour. ³ nachgeben, to give
way. ⁴ ſtark, stout. ⁵ unterſtützen, to strengthen. ⁶ ausſchlagen zu
wollen, as to refuse. ⁷ verſinken, to fall. ⁸ Seite, quarter. ⁹ folgen,
to obey. ¹⁰ Auffoderung, entreaty. ¹¹ Schubkaſten, drawer. ¹² elend, vile.

5. Als er das Haus des Präfecten erreicht¹ hatte, fand
er, daß noch Niemand aufgeſtanden² war. Er beſchloß deshalb auf der Straße zu warten. Hier allein, mit der Börſe

in der Hand griff ihn die Versuchung von neuem an³. „Wer weiß", dachte er bei sich selbst, „da ich Sr. Gnaden⁴ noch nicht sprechen kann, so ist dies vielleicht ein Zeichen des Himmels, daß ich das Geld behalten soll?"

Jemehr er darüber nachdachte, desto einleuchtender⁵ wurde es ihm. „Ach", rief er zuletzt aus, „das geht nicht mehr⁶, ich darf hier nicht so träge stehen bleiben⁷; ich werde einmal fortgehen und mich nach einer Beschäftigung umsehen, sonst weiß ich nicht, wie das enden soll." Er eilte nach dem Ufergestade⁸, wo sein Boot lag und fing an, sich damit zu beschäftigen, seine Netze zurecht zu machen⁹. Aber Alles war in einem traurigen Zustande und der Anblick seines Bootes fiel¹⁰ ihm schwerer als je auf das Herz.

„Ach", dachte er, wenn doch nur die Hälfte dieses Geldes mein wäre, wie reich würde ich dann sein! Ich könnte mir einige neue Netze anschaffen und brauchte nicht so häufig leer wieder heimzugehen. Wenn ich nur zwei Goldstücke davon nähme, so würde mir das unsäglich gut thun. Der Eigenthümer vermißt sie vielleicht nicht — der Präfect weiß gar nicht einmal, wie viel in der Börse gewesen ist. Aber, fuhr er fort, indem er sich schnell wieder ermannte, ich weiß es doch, — und kann ich dann wol noch hoffen, daß die Gebete für eine glückliche Fahrt jemals erhört werden, wenn ich etwas in meinem Boote führe, das unrechtlich erworben¹¹ ist! Nein — nein! Der Präfect ist jetzt gewiß schon aufgestanden, ich will schnell hineilen und mich dieser verdammten Börse entledigen¹², ehe ich durch sie noch einmal in Versuchung geführt werde."

¹ erreichen, to reach. ² aufgestanden, up. ³ angreifen, to assail. ⁴ Sr. Gnaden, his worship. ⁵ einleuchtend, plausible. ⁶ das geht nicht mehr, that will never do. ⁷ stehen bleiben, to wait. ⁸ Ufergestade, quay. ⁹ zurecht machen, to prepare. ¹⁰ fallen, to press. ¹¹ erworben, got. ¹² entledigen, to get rid.

6. Pierre eilte hin, wurde sogleich vorgelassen¹ und erzählte dem Präfecten die Geschichte mit der Börse, ohne einen Umstand auszulassen². Der Präfect erkannte die Börse sogleich nach der Beschreibung, welche Herr Farquhar davon gemacht hatte. Er zählte das Geld und fand, daß es mit der Angabe genau stimmte³.

„Ihr seid ein guter Kerl", sagte der Präfect, „und verdient etwas für euer gutes Benehmen. Sagt mir Pierre, sollte ich den Eigenthümer von all diesem Gelde ausfindig machen⁴, was für eine Belohnung wünscht ihr zu haben⁵?"

„Ich bedarf keiner Belohnung", sagte der Fischer, „ich nicht, denn ich bin zu froh, die Börse los zu sein; und ich glaube wahrhaftig, daß, wenn wir sie länger im Hause behalten hätten, so würde ich mit meiner Frau viel darüber gestritten haben, und wir zanken uns sonst nie — oder ich hätte vielleicht das Geld ausgegeben und wär noch schlimmer gewesen."

Mit erleichtertem Herzen ging Pierre singend von bannen. Als er nach dem Ufergestade kam, fand er seine Netze doch gar so schlecht nicht, wie sie ihm früher vorgekommen waren, und auch sein Boot sah besser aus — mit einem Worte, Alles hatte ein besseres und mehr heiteres Aussehen⁶. War es denn wirklich verändert? Nein, aber er selbst war anders geworden; er fühlte sich in seinem Geiste froh⁷, er hatte einen großen Sieg errungen⁸ und seine sittliche Reinheit⁹ unbefleckt bewahrt.

¹ vorlassen, to admit. ² auslassen, to omit. ³ stimmen, to tally.
⁴ ausfindig machen, to discover. ⁵ zu haben wünschen, to expect.
⁶ heiteres Aussehen, cheering aspect. ⁷ sich froh fühlen, to be at ease.
⁸ erringen, to obtain. ⁹ sittliche Reinheit, integrity.

7. Während alles dies vorging, war die arme Katharina daheim geblieben in dem Zustande der höchsten Aufregung¹. Sie hatte die Börse vermißt und sich gedacht, daß ihre Vorstellungen Pierre's Bedenklichkeiten mochten beseitigt haben² und daß er jetzt fortgegangen sei, um ein neues Boot zu kaufen und einige Geschenke für sie und die Kinder, und ihre Phantasie schwelgte³ unter all den Dingen, die er wahrscheinlich mitbringen würde. Endlich fing sie jedoch an, sich über seine lange Abwesenheit zu wundern. Sie wurde immer besorgter. Vielleicht hat man ihn ausfindig gemacht mit der Börse in seinem Besitze und ihn wegen des Raubes⁴ festgesetzt⁵. Sie fühlte sich immer unbehaglicher, als sie plötzlich aufgeschreckt ward⁶ durch den Eintritt eines Herrn, welcher dem Anscheine nach ein Fremder war. Herr Farquhar hatte dem Präfecten zur bestimmten Stunde seine Aufwartung gemacht⁷ und erhielt dort zu seiner nicht geringen Freude die verlorene Börse. Er war sehr gerührt durch die Erzählung von dem Benehmen des redlichen Fischers und beschloß keine Zeit zu verlieren, um ihn ausfindig zu machen. Er verstand das Französische nicht sehr gut und hatte einige Schwierigkeit sich auszudrücken; Katharina verstand indessen, daß er der Eigenthümer der Börse wäre und vermuthete, daß er jetzt gekommen sei, um darauf Anspruch zu erheben⁸.

Ihre Aufregung wurde außerordentlich. „Ach", dachte sie, „Pierre hatte Recht⁹. Wenn es nicht Unrecht gewesen wäre, die Börse zu behalten, so würde ich mich nicht so schuldig und beschämt fühlen."

Sie würde sehr glücklich gewesen sein, wenn sie ihm dieselbe hätte wiedergeben¹⁰ können; und sie war schon im Begriff, ihre Entschuldigung herzustammeln¹¹ und einige verworrene Worte zu sagen¹², als sie plötzlich sah, daß Herr Farquhar ganz dieselbe Börse aus der Tasche zog.

„O Gott sei Dank!" rief sie aus. „Sie haben sie also?"

Sie fühlte ihr Herz von einer schweren Last erleichtert. In diesem Augenblick trat Pierre herein, seine kleine Tochter an der Hand führend.

„Seid Ihr Pierre Leroux?" fragte Herr Farquhar.

Nachdem der Fischer dieses bejaht hatte¹³, fuhr jener fort: „Dann seid Ihr ein sehr rechtlicher Mann und ich komme um Euch dafür zu lohnen, daß Ihr meine Börse fandet."

„Verzeihen Sie", sagte Herr Pierre, „ich hatte nichts damit zu thun. Dieses kleine Mädchen fand sie."

„Nun, dann muß ich sie belohnen", entgegnete Herr Farquhar. „Hier, mein Kind, ist ein Goldstück, welches ich dir deshalb schenke, weil du ein gutes Kind bist und die Börse sogleich deiner Mutter brachtest, sobald du sie gefunden hattest."

¹ Aufregung, anxiety. ² beseitigen, to conquer. ³ schwelgen, to revel. ⁴ Raub, robbery. ⁵ festsetzen, to take up. ⁶ aufschrecken, to startle. ⁷ Aufwartung machen, to attend. ⁸ Anspruch erheben, to claim. ⁹ Recht haben, to be in the right. ¹⁰ wiedergeben, to restore. ¹¹ herstammeln, to stammer out. ¹² sagen, to utter. ¹³ bejahen, to reply in the affirmative.

8. Johanna sprang fröhlich umher¹ und nachdem sie das Goldstück wechselweise² ihrem Vater, der Mutter und den Brüdern gezeigt und dasselbe mehre male geküßt hatte, eilte sie schnell aus dem Hause, um einer in der Nähe wohnenden alten Frau das schöne Ding zu zeigen, welches ihr der gute Herr geschenkt hatte.

„Nun", sagte Herr Farquhar, „nachdem ich dem Kinde, welches die Börse fand, geschenkt habe, was recht ist, muß ich noch dem Manne die verdiente Belohnung geben, der sie mir wieder zustellte. Ich kann Euch nicht gut³ das Ganze ihres Inhalts schenken, aber die Hälfte biete ich Euch mit Freuden⁴ an." Indem er dieses sagte, legte er fünfundzwanzig Goldstücke in Pierre's Hand. „Nehmt dieses", fuhr er fort,

„und empfangt es mit ebenso viel Freude⁵, als ich empfinde, indem ich es Euch gebe⁶'".

Pierre versuchte zu sprechen, aber Thränen und Verwunderung hemmten⁷ seine Rede. Alles, was er sagen konnte, war: „Ach, Herr, ich verdiene es nicht, — Sie sind zu gütig — ich that ja nichts — es ist zu viel!"

Nachdem der Fremde die Hütte verlassen hatte, ergriff Pierre die Hand seiner Frau und sagte:

„Ach, Katharina, werden wir uns über das Geld nicht mehr freuen, welches wir unser Eigenthum nennen können, als wenn wir das Ganze unrechtmäßig⁸ behalten hätten!"

Die Geschichte mit der Börse wurde bald allen englischen Familien bekannt, welche an dem Orte lebten, und Pierre's Fische waren stets die ersten, nach denen man sich auf dem Markte erkundigte. Er kaufte ein neues Boot und wurde für seine Verhältnisse sehr wohlhabend, sobaß er seine Familie in ein gutes Haus bringen konnte. Seine Kinder wurden brav und gut, und er gab ihnen täglich die Lehre, nie von der Redlichkeit abzulassen⁹, dem reichen Erbe¹⁰ des armen Mannes.

[1] fröhlich umherspringen, to skip about. [2] wechselsweise, in turn. [3] gut, conveniently. [4] mit Freuden, willingly. [5] Freude, satisfaction. [6] geben, to bestow. [7] hemmen, to choke. [8] unrechtmäßig, wrongful. [9] ablassen, to part. [10] Erbe, inheritance.

Zweite Abtheilung.

1. Der Sirocco.

Eine der größten Plagen für ganz Italien, besonders aber für Neapel und Sicilien, ist der Siroccowind. Er heißt auch Südostwind, in Afrika Samum, in der Schweiz Föhn. In Neapel und in andern Gegenden Italiens weht[1] er zwar nicht so heftig wie in Sicilien, welches Afrika näher liegt, hält aber mehre Wochen an[2] und läßt Faulfieber, Muthlosigkeit und Niedergeschlagenheit zurück. Er weht in Neapel im Juli so heiß, daß die Menschen ganz erschlafft[3] und entnervt werden. Alle Thätigkeit in dem Menschen erstirbt[4]; die Schweißlöcher werden ungewöhnlich weit geöffnet, und die gefährlichsten Folgen würden daraus entstehen, wenn er in Sicilien länger als 30 bis 40 Stunden wehte und nicht von einem den Menschen wieder stärkenden Nordwinde begleitet würde.

Sobald der Sirocco zu wehen anfängt, zieht sich Alles in die Häuser zurück, macht Thüren und Fenster zu, oder behängt[5] in Ermangelung[6] von Fensterscheiben die Fenster und andere Oeffnungen mit nassen Tüchern und Matten. Auf der Straße sieht man keinen Menschen. Auch auf den Feldern richtet[7] der Sirocco oft große Verheerungen an und versengt[8] die Gräser und Pflanzen so, daß man sie zerreiben[9] kann, als kämen sie aus einem heißen Ofen. Schubart.

[1] wehen, to blow. [2] anhalten, to last. [3] erschlafft, relaxed. [4] ersterben, to be extinguished. [5] behängen, to hang with. [6] in Ermangelung, in the absence. [7] große Verheerung anrichten, to do much damage. [8] versengen, to scorch. [9] zerreiben, to rub to powder.

2. Fata Morgana.

An der Küste von Sicilien findet man zuweilen eine merkwürdige Naturerscheinung[1], die unter dem Namen Fata Morgana bekannt ist. Wenn an heitern Tagen die Strahlen der Sonne mit der Fläche² der See einen Winkel von 45 Grad machen, und die Wasserfläche³ vollkommen ruhig und glatt⁴ ist, so bemerkt der Zuschauer, der auf einer Anhöhe der Stadt Reggio mit dem Gesicht gegen die See gekehrt⁵ steht und die Sonne im Rücken⁶ hat, auf der Oberfläche des Wassers schöne Paläste mit ihren Balkonen und Fenstern, hohe Thürme, Kirchen, Processionen, Armeen von Soldaten zu Roß und zu Fuß, Wagen mit Spazierenfahrenden⁷; man sieht schöne Ebenen mit grasendem⁸ Hornvieh und Schafen, Trümmer⁹ von Gebäuden mit Säulen, Pfeilern und Bogen, und wer das bemerkt, ruft freudig aus: „Fata Morgana! Fata Morgana!" Das Volk strömt herzu¹⁰, betrachtet die Wunderdinge¹¹, die sich langsam vorüberziehend zeigen¹², eins nach dem andern auftauchend¹³ und verschwindend, bis die Sonne, höher oder niedriger stehend¹⁴, dem ganzen Schauspiel ein Ende macht.

Kein Italiener läßt sich die Ueberzeugung rauben, daß eine Fee Morgana dort im Meer wohnt und daß sie bei schönem heitern Wetter dann und wann¹⁵ auftaucht aus ihrem nassen Elemente, ihre Paläste und Städte mit sich emporhebend¹⁶ über die spiegelblanke Fläche¹⁷ des Meeres sammt den Bewohnern derselben, und wehe Dem, der es wagen wollte, die Leute in ihrem süßen Wahne¹⁸ zu stören.

Zimmermann.

¹ Naturerscheinung, phenomenon. ² Fläche, level. ³ Wasserfläche, the surface of the water ⁴ glatt, smooth. ⁵ mit dem Gesichte gekehrt, with his face towards. ⁶ im Rücken, at his back. ⁷ Spazierenfahrende, persons driving out. ⁸ grasend, grazing. ⁹ Trümmer, ruins. ¹⁰ herzuströmen, to flock. ¹¹ Wunderdinge, wonders. ¹² sich vorüberziehend zeigen, to pass before one. ¹³ auftauchen, to emerge. ¹⁴ höher oder niedriger stehend, from being higher or lower. ¹⁵ dann und wann, occasionally. ¹⁶ emporheben, to bring above. ¹⁷ die spiegelblanke Fläche, the mirror-like surface. ¹⁸ Wahn, illusion.

3. Der Hund auf dem St.-Bernhard.

1. Ueber den großen St.-Bernhard führt ein sehr betriebener Bergpaß¹ aus Wallis nach Italien. In dem öden hohen Felsenthale², von Bergen umschlossen, die ewiger Schnee bedeckt, steht die höchste menschliche Wohnung in der alten Welt, das Kloster des heiligen Bernhard. Hier wohnen zehn bis zwölf fromme Mönche, deren einziges Geschäft es ist, die Reisenden unentgeltlich³ zu bewirthen und ihnen alle Hülfe angedeihen zu lassen⁴. In den acht oder neun Monaten des Jahres, wo Schnee, Nebel, Ungewitter und

Schneelavinen⁵ den Weg sehr gefährlich machen, streifen⁶ diese Geistlichen oder ihre Diener täglich umher, um Verirrte⁷ aufzusuchen oder Versunkene⁸ zu retten. Schon viele Jahre her bedient man sich zur Rettung der Verunglückten auch besonders abgerichteter⁹ großer Hunde. Diese gehen entweder allein aus oder werden von den Mönchen mitgenommen. Sobald der Hund einen Verunglückten ausgewittert¹⁰ hat, kehrt er in pfeilschnellem Laufe¹¹ zu seinem Herrn zurück und gibt durch Bellen, Wedeln und unruhige Sprünge seine gemachte Entdeckung kund¹². Dann wendet er um, immer zurücksehend, ob man ihm auch nachfolge, und führt seinen Herrn nach der Stelle hin, wo der Verunglückte liegt. Oft hängt man diesen Hunden ein Fläschchen mit Branntwein oder andern stärkenden Getränken und ein Körbchen mit Brot um den Hals, um es einem ermüdeten Wanderer zur Erquickung anzubieten.

¹ ein sehr betriebener Bergpaß, a much-frequented mountain-pass. ² Felsenthal, rocky valley. ³ unentgeltlich, without remuneration. ⁴ angedeihen lassen, to give. ⁵ Schneelavinen, avalanches. ⁶ umherstreifen, to rove about. ⁷ Verirrte, travellers who have lost their way. ⁸ Versunkene, those who have been buried. ⁹ abgerichtet, trained. ¹⁰ auswittern, to discover. ¹¹ in pfeilschnellem Laufe, with the swiftness of an arrow. ¹² kundgeben, to make aware.

2. Ein solcher Hund war Barry. Zwölf Jahre lang war er unermüdet thätig und treu im Dienste der Menschheit, und er allein hat in seinem Leben mehr als vierzig Menschen das Leben gerettet. Der Eifer, den er hierbei erwies¹, war außerordentlich. Nie ließ er sich an seinen Dienst mahnen². Sobald der Himmel sich bedeckte, Nebel sich einstellten, oder die gefährlichen Schneegestöber³ sich von weitem zeigten, so hielt ihn nichts mehr im Kloster zurück. Nun strich er rastlos und bellend umher⁴, und ermüdete nicht, immer und immer wieder nach den gefährlichen Stellen zurückzukehren und zu sehen, ob er nicht einen Sinkenden halten⁵ oder einen Begrabenen hervorscharren⁶ könne, und konnte er nicht helfen, so setzte er in ungeheuren Sprüngen⁷ nach dem Kloster hin und holte Hülfe herbei. Als er kraftlos und alt war, sandte ihn der würdige Prior nach Bern, wo er starb und in dem Museum aufgestellt⁸ wurde. Lenz.

¹ beweisen, to evince. ² mahnen, to remind. ³ Schneegestöber, storm of snow. ⁴ umherstreichen, to rove about. ⁵ einen Sinkenden halten, to save some one from sinking. ⁶ hervorscharren, to scrape out. ⁷ in ungeheuren Sprüngen hinsetzen, to set off with great bound ⁸ aufstellen, to exhibit.

4. Der russische Bettler.

Kein Bettler der Welt ist so liebenswürdig[1], so anständig und bescheiden als der russische. Von zubringlichen Bettlern findet man in ganz Rußland keine Spur. Meistens sitzen sie still am Wege, halten ihre Mütze den Vorübergehenden hin[2] und machen nur durch einen fortwährenden Gesang auf sich aufmerksam[3]. Wenn sie sich mit Bitten an Jemand wenden[4], so schildern sie nicht ihre Noth und ihre Leiden, sondern den Segen Gottes, der den Mildthätigen[5] verheißen ist. „Gebt doch dem armen Blinden ein Almosen um Gottes willen. Gebt ihm um aller Heiligen willen. Hier sitzt ein Armer. Kommt doch, wer geben, wer einen Bekümmerten[6] trösten will, um Christi willen, um der Barmherzigkeit Gottes willen!"

Die Gierigkeit, die wir bei unsern Bettlern bemerken, scheint den russischen ganz fremd zu sein. Nie kommt es vor, daß ein Bettler den Vorübergehenden nachliefe. Noch weniger ereignet es sich, daß er mit einer Gabe unzufrieden wäre. „Was du gibst, Väterchen, ist mir willkommen und kann eine Beihülfe für mich sein[7]. Du weißt selbst am besten, was du dem Armen geben kannst, und mir geziemt es nicht, deine Gabe zu beschauen[8]."

In der Art, wie ihre Bitte, ist auch der Dank: „Gottes Segen, Väterchen. Verleihe der Himmel Euch ein langes Leben und viele, viele glückliche Jahre zur Gesundheit Eures Leibes! zum Heile Eurer Seele! zum Gedeihen[9] Eures ganzen Wohlstandes[10]! zur Freude Eurer Aeltern! zum Glück Eurer Kinder! zur Lust[11] Eurer Freunde!" Und diese beredten[12] Wünsche werden immer mit großer Innigkeit[13] und Frömmigkeit ausgesprochen.   **Dielitz.**

[1] liebenswürdig, polite. [2] hinhalten, to hold out. [3] auf sich aufmerksam machen, to attract attention. [4] sich mit Bitten an Jemand wenden, to beg from some one. [5] die Mildthätigen, the charitable. [6] der Bekümmerte, the afflicted wretch. [7] eine Beihülfe sein, to be a relief. [8] beschauen, to scrutinize. [9] Gedeihen, prosperity. [10] Wohlstand, fortune. [11] Lust, pleasure. [12] beredt, eloquent. [13] Innigkeit, fervour.

5. Die Kartoffeln.

1. Die Kartoffeln kamen erst vor etlichen hundert Jahren aus Amerika nach Europa. Und fast hätte sie der Freund des Seefahrers Franz Drake, dem dieser aus Amerika welche zur Aussaat schickte[1] und dabei schrieb: „Die Frucht dieses

Gewächses² ist so trefflich und nahrhaft, daß ich ihren Anbau³ für Europa sehr nützlich halte", aus seinem Garten wieder ausreißen und wegwerfen lassen. Denn er glaubte, Franz Drake habe mit den Worten „Frucht" die Samenknollen⁴ gemeint, die oben am Kraute hängen.

Da es nun Herbst war und die Samenknollen gelb waren, lud er eine Menge vornehmer Herren⁵ zu einem Gastmahle ein, wobei es hoch herging⁶. Am Ende kam auch eine zugedeckte Schüssel, und der Hausherr stand auf und hielt eine schöne Rede an die Gäste, worin er sagte, er habe hier die Ehre, ihnen eine Frucht mitzutheilen, wozu er den Samen von seinem Freunde, dem berühmten Drake, mit der Versicherung erhalten habe, daß ihr Anbau für England höchst wichtig werden könnte.

Die Herren aus dem Parlamente kosteten⁷ nun die Frucht, die in Butter gebacken und mit Zucker und Zimmet bestreut⁸ war; aber sie schmeckte abscheulich, und es war nur schade um den Zucker⁹. Darauf urtheilten sie Alle, die Frucht könne wol für Amerika gut sein, aber in England werde sie nicht reif.

¹ zur Aussaat, to plant. ² Gewächs, plant. ³ Anbau, cultivation. ⁴ Samenknollen, seed-vessels. ⁵ vornehme Herren, gentlemen of distinction. ⁶ wobei es hoch herging, where there was very good cheer. ⁷ kosten, to taste. ⁸ bestreuen, to sprinkle over. ⁹ es war nur Schade um den Zucker, and it was only a pity to waste the sugar.

1. Da ließ denn der Gutsherr¹ einige Zeit nachher die Kartoffelsträucher² ausreißen und wollte sie wegwerfen. Aber eines Morgens ging er durch seinen Garten und sah in der Asche eines Feuers, das sich der Gärtner angemacht hatte schwarze runde Knollen³ liegen. Er zertrat⁴ einen, und siehe, er duftete so lieblich⁵ wie eine gebratene⁶ Kartoffel. Er fragte den Gärtner, was das für Knollen wären, und dieser sagte ihm, daß sie unten an der Wurzel des amerikanischen Gewächses gehangen hätten.

Nun ging dem Herrn erst das rechte Licht auf⁷. Er ließ die Knollen sammeln und lud dann die Parlamentsherren wieder zu Gaste⁸, wobei er wol wieder eine Rede gehalten haben mag, von der der Inhalt gewesen sein wird, daß der Mensch, wenn er blos nach Dem urtheilt, was oben an der Oberfläche ist, und nicht noch tiefer gräbt⁹, manchmal gar sehr¹⁰ irren könne. *Schubert.*

¹ Gutsherr, proprietor. ² Kartoffelsträucher, potato-tops. ³ Knollen, balls. ⁴ zertreten, to tread upon. ⁵ lieblich duften, to smell

agreeably. ⁶ braten, to roast. ⁷ nun ging dem Herrn erst das rechte Licht auf, the master's eyes were only now opened. ⁸ zu Gaste laben, to invite. ⁹ tiefer graben, to examine still deeper. ¹⁰ gar sehr, very much.

6. Der Sonntag in London.

1. Einmal in der Woche tritt¹ auch in London in diesem Gewirre² des menschlichen Handelns und Treibens³ Ruhe und Stille ein. Es ist die Ruhe des Sonntags. In Paris ist es niemals Sonntag, was der Christ sich darunter denkt⁴, oder alle Tage ist es Sonntag, wie ihn die Welt zu halten pflegt⁵; in London ist er nur einmal in der Woche, aber ein stiller Tag des Herrn⁶. Da scheint diese unermeßliche Stadt ausgestorben⁷ wie in einer Nacht, so ruhig und menschenleer⁸ ist es auf den weiten Straßen bis zum Morgen des andern Tages. Die Kaufgewölbe alle mit ihren Riesenfenstern⁹ und Schätzen der Erde sind sorgfältig verschlossen, die Fenster verhängt¹⁰; kein Wagen knarrt, und kein Geschäft des Werktags macht ein Geräusch. Für Unzählige, welche sechs Tage lang des Tages Last und Hitze getragen haben, und im Gewirre der Weltgeschäfte¹¹ weder zu sich selbst noch zu ihrer Familie gekommen sind, ist dieser Stillstand¹² ein Segen. Alle eigentlichen Lustbarkeiten¹³, Tanz und Schauspiel, sind auf die Wochentage beschränkt, ebenso größere Gastmähler.

¹ tritt ein, there is. ² Gewirre, confusion. ³ Handeln und Treiben, traffic and agitation. ⁴ was sich der Christ darunter denkt, in the Christian sense of the word. ⁵ pflegen, to be wont. ⁶ ein stiller Tag des Herrn, a peaceful lord's day. ⁷ ausgestorben, desolated. ⁸ menschenleer, deserted. ⁹ Riesenfenster, gigantic windows. ¹⁰ die Fenster verhängt, the blinds down. ¹¹ Weltgeschäfte, worldly business. ¹² Stillstand, standstill. ¹³ die eigentlichen Lustbarkeiten, all that is called amusement.

2. Gegen zehn oder elf Uhr, wenn der Gottesdienst beginnt, wird es lebendig auf den Straßen¹ und die wohlgekleideten Kirchengänger² mehren sich auf allen Wegen. Die 500 Kirchen, worunter viele kleine Kapellen sind, reichen³ lange nicht zu für eine über zwei Millionen große Bevölkerung, wenn es schon unter dieser Zahl Hunderttausende gibt, für die keine Kirche und kein Sonntag da ist, weil sie nichts davon wissen wollen⁴. Für die Armen hat man seit geraumer Zeit angefangen, öffentliche Predigten unter freiem Himmel⁵ zu halten, wozu sich nicht selten Tausende von Zuhörern einfinden.

Nachmittags ist die Themse mit Kähnen bedeckt, welche die Bewohner hinausführen⁶ in Gottes schöne Welt und die öffentlichen Gartenanlagen der verschiedenen Parks, welche den westlichen Theil der Stadt begrenzen; oder begeben sich die Vornehmen⁷ und Reichen in ihren Wagen aufs Land, und oft sieht man ganze Reihen von Wagen vor den Landkirchen stehen, da man den Gottesdienst auch auf dem Lande nicht gern versäumt⁸. Süskind.

¹ es wird lebendig auf den Straßen, the streets become animated. ² die Kirchengänger, the persons going to church. ³ lange nicht zureichen, to be by far insufficient. ⁴ weil sie nichts davon wissen wollen, because they will not hear of it. ⁵ unter freiem Himmel, in the open air. ⁶ hinausführen, to take out. ⁷ die Vornehmen, the people of distinction. ⁸ versäumen, to miss.

7. Das Handelsleben in London.

1. Der Kauffahrer¹, der aus Ost- oder Westindien zurückgekehrt die Themse heraufgefahren² ist, findet seinen Hafen in den Wasserbecken, welche Docks heißen, wo Hunderte von Schiffen aus- und einlaufen, ihre Anker auswerfen und den sichersten Raum für alle ihre Ladungen³ finden. Da steht man nun den größten Markt des Welthandels, die Menschen aus allen Nationen und Ländern der Erde, Jeden in seiner vaterländischen Tracht und Weise⁴: den Chinesen neben dem wohlgekleideten Handelsherrn⁵ der City; den Tataren neben einem Kauffahrer⁶ aus Schweden; den Türken aus Kleinasien neben dem Russen aus Petersburg oder dem Holländer von Amsterdam; den Süd- oder Nordamerikaner neben dem spanischen und portugiesischen Seefahrer.

Jedes Land und jede Gegend der Erde hat ihre eigenthümlichen Güter und Erzeugnisse, welche die Veranlassung geben zum immer wechselnden Weltverkehr⁷ und zum gegenseitigen Handel und Austausche. Da sind die Früchte der warmen und die Erzeugnisse der heißen Länder: Citronen, Pomeranzen, Feigen, Oliven, Zucker, Kaffee, Indigo, Taback, Gewürze aller Art, Stoffe zu Kleidung und Putz, Baumwolle, Kaschmirwolle, Seide und Pelzwerke, Leder, Farb- und andere Hölzer⁸, ja selbst Gold- und Silberwaaren und köstliche Perlen.

¹ Kauffahrer, the merchant vessel. ² heraufsahren, to sail up. ³ Ladungen, cargoes. ⁴ Weise, manners. ⁵ Handelsherr, merchant. ⁶ Kauffahrer, merchant. ⁷ der immer wechselnde Weltverkehr, the ever-varying intercourse of nations. ⁸ Farb- und andere Hölzer, dye and other woods.

2. Das Alles und noch mehr führt der Handel zusammen auf den Weltmarkt[1], und nun beginnt der Austausch und die Rückfracht[2]; für sein Geld aus Zucker und Kaffee, Baumwolle und Indigo nimmt der Handelsherr Waaren und Fabrikate[3] aller Art zurück, wie er's bedarf[4] für seine Heimat. So führt der Handel dem einen Lande zu, was es aus einem andern bedarf, vertheilt die Gaben der Natur über die Welt, verschafft dem Armen Arbeit und Unterhalt[5], dem Thätigen Gewinn, dem Reichen Schätze und dem Großen der Erde Pracht. Der Handel lehrt uns Völker und Länder kennen, bringt Erfindungen und Künste aller Art hervor, bereichert die Wissenschaften, und ist nicht selten die erste Veranlassung geworden zur Veredlung und Gesittung[6] der Völker und zur Ausbreitung eines geistigen und christlichen Lebens unter ihnen.   Süskind.

[1] Weltmarkt, universal market. [2] die Rückfracht, the freight for returning. [3] Fabrikate, manufactures. [4] er bedarf, he requires. [5] Unterhalt, subsistence. [6] Gesittung, improving.

8. Das Bergwerk.

1. Im Innern mehrer Gebirge findet man verschiedene Arten Erze, aus denen die Metalle gewonnen werden[1], und schon in sehr frühen Zeiten haben sich die Menschen damit beschäftigt, diese Erze aus der Tiefe der Erde herauszuholen[2]. Zu diesem Zwecke werden Gruben[3] und unterirdische Gänge[4], gleich den Kellern und Gewölben, in die Berge hinein gebaut, welche um so tiefer und umfangreicher[5], je tiefer das Erz in den Bergen verborgen liegt.

Die Leute, welche sich mit dem Baue solcher Bergwerke beschäftigen, werden Bergleute genannt und haben ein sehr mühseliges und vielen Gefahren unterworfenes[6] Leben. Früh, mit Anfang der Sonne, oder schon um Mitternacht, nachdem sie zuvor zu Gott gebetet haben, fahren sie in den Schacht des Bergwerkes hinein und verschwinden bald in der Tiefe desselben. Lampen oder Lichter, welche sie auf dem Kopfe zu tragen pflegen, erleuchten ihren stillen, schauerlichen[7] Weg; nur das Rauschen des unterirdischen Wassers, das durch Pumpwerke[8] in die Höhe gezogen wird[9], die von der Decke[10] herunterfallenden Tropfen und der ernste Zuruf[11] der sich begegnenden Bergleute: „Glück auf![12]" unterbricht die schauerliche Stille.

Wenn sie dann an dem Orte, wo sie ihre Arbeit fort-

setzen wollen, angelangt sind, bitten sie den Allmächtigen um
seinen Schutz und Beistand, denn hier unten sind sie von
aller menschlichen Hülfe fern: hoch über ihnen[13] auf der
Oberfläche der Erde sind die Wohnungen der Menschen, und
kein Sonnenstrahl bringt in die dunkle Tiefe. Man hört
jetzt nur den Schlag des eisernen Hammers, den die kräftige
Hand des Bergmanns gegen den Felsblock führt[14]; denn
bedachtsam muß ein Jeder auf seine Arbeit sehen[15], damit
er nicht Gefahr laufe, von einem herabfallenden Felsblock
beschädigt oder erschlagen zu werden. Andere fahren[16] indeß
mit Karren[17], welche auch wol Hunde genannt werden, in
die Höhle hinein, um die losgeschlagenen Erzstücke dorthin
zu schaffen[18], wo sie wiederum, in Kasten geladen, durch ein
Maschinenwerk zu Tage gefördert werden[19].

[1] gewinnen, to obtain. [2] herausholen, to extract. [3] Gruben, pits.
[4] Gang, passages. [5] umfangreich, extensive. [6] unterworfen, exposed.
[7] still und schauerlich, sad and silent. [8] Pumpwerke, pumps. [9] in die
Höhe ziehen, to draw up to the surface. [10] Decke, roof. [11] der ernste
Zuruf, the grave salutation. [12] Glück auf, I wish you good luck.
[13] über ihnen, above them. [11] gegen den Felsblock führen, to strike
against the blocks of rock. [15] bedachtsam sehen, to be very attentive.
[16] hineinfahren, to descend. [17] Karren, barrows. [18] dorthin schaffen,
to transport to that place. [19] durch Maschinenwerke zu Tage fördern,
to draw up to the surface by machinery.

2. Mühsam und kümmerlich[1] ist daher der Erwerb[2] dieser Leute und so eintönig und traurig die Umgebung[3] bei
ihrer Arbeit, daß sie nicht, wie der Landmann, aufgefodert[4]
durch den Gesang der Lerche, ein fröhliches Liedchen anstimmen[5]. Nur zuweilen hört man den erhebenden Gesang[6]
eines frommen Liedes, ein Zeichen des ernsten und stillen
Lebens dieser Leute, die nur zu oft durch Unglücksfälle[7],
welche einen oder den andern ihrer Kameraden getroffen
haben[8], gewarnt und vorsichtig gemacht sind[9]. Ueber ihnen
hangen furchtbare Felsstücke[10], welche jeden Augenblick her-
unterzufallen drohen; oft auch stürzt wildes Wasser[11] in brausender Wuth[12] unerwartet ihnen entgegen, oder todbringende
Dünste[13] werfen sie banieder. Natürlich ist es daher, daß
sie sich, wenn sie nach überstandener[14] Arbeit wieder in die
lichten[15] Wohnungen über die Erde kommen, gern der Freude
überlassen[16] und sich durch fröhliche Musik erheitern, weshalb
auch stets mehre unter ihnen verschiedene Instrumente zu
spielen verstehen.

Die herausgeschafften[17] Erzstücke werden zuerst von dem
Erdreich[18] gereinigt, dann durch große Hammerwerke[19] in

kleine Stücke zerschlagen und endlich in die Schmelzöfen²⁰ gebracht, wo durch die furchtbare Glut des Feuers das reine Metall von den Schlacken gesondert wird²¹. Hier sind große Behälter²², in welchen das Erz aufgeschichtet wird²⁶, doch so, daß die Feuerflammen²⁴, welche Tage lang unterhalten werden²⁵, durch den Luftzug überall hindurchschlagen²³ können, und bald geräth das Erz in einen glühenden Zustand²⁷; das Metall wird flüssig und von den Arbeitern in besondern Formen aufgefangen²⁸, aus welchen es, wenn es erkaltet ist, herausgenommen und zu verschiedenen Zwecken verwendet wird²⁹. **Bormann.**

¹ kümmerlich, wretched. ² Erwerb, life. ³ die Umgebung, all that surrounds them. ⁴ aufgefobert, encouraged. ⁵ anstimmen, to tune. ⁶ der erhebende Gesang, the edifying strain. ⁷ Unglücksfälle, accidents. ⁸ treffen, to happen. ⁹ vorsichtig machen, to make careful. ¹⁰ Felsstücke, masses of rock. ¹¹ wildes Wasser, an impetuous water. ¹² in brausender Wuth, roaring furiously. ¹³ tobbringende Dünste, fatal exhalations. ¹⁴ überstehen, to end. ¹⁵ licht, lighted. ¹⁶ sich der Freude überlassen, to give one's self up to mirth. ¹⁷ herausschaffen, to extract. ¹⁸ Erdreich, earth. ¹⁹ Hammerwerke, large hammers. ²⁰ Schmelzöfen, smelting ovens. ²¹ von den Schlacken sondern, to separate from the dross. ²² Behälter, reservoirs. ²³ aufschichten, to heap up. ²⁴ Feuerflammen, flames. ²⁵ unterhalten, to keep up. ²⁶ durch den Luftzug hindurchschlagen, to penetrate by means of the current of air. ²⁷ in einen glühenden Zustand gerathen, to become red-hot. ²⁸ in Formen auffangen, to receive in moulds. ²⁹ verwenden, to employ.

9. Die Hottentotten.

1. Die Hottentotten, welche zwischen den Weißen und Negern in der Mitte stehen¹, sind gelbbraun, wohlgewachsen² und gewöhnlich gegen sechs Fuß hoch; die Weiber sind kleiner. Sie haben einen dicken Kopf, große Augen, platte Nasen, die durch das Eindrücken³ nach der Geburt entstehen, dicke Lippen, hohe Backenknochen, weiße Zähne, krauses schwarzes Haar und verhältnißmäßig⁴ kleine Hände und Füße. Sie sind gesund, und ihr ganzes Ansehen⁵ und Betragen zeugt von Zufriedenheit und Sorglosigkeit⁶.

Von Jugend auf beschmieren sie den ganzen Leib mit Butter oder Schafsfett, was zwar den Gliedmaßen⁷ Geschmeidigkeit und Stärke gibt, aber auch einen häßlichen Geruch verbreitet und in einem so sandigen Lande, wie das ihrige ist, große Unreinlichkeit verursacht. Ihre ganze Kleidung besteht aus einem über die Schultern gehängten Schaffelle, dessen rauhe Seite einwärts⁸ gekehrt ist. Strümpfe,

Hemden, Hüte und dergleichen bedürfen sie nicht, und die Schuhe werden höchstens⁹ durch lederne Sohlen ersetzt, welche mit Riemen befestigt und größtentheils nur von den Weibern getragen werden, um sich gegen stachelichte Gewächse zu schützen. Ihre Wohnungen sind Hütten, aus dünnen Stäben zusammengesetzt, mit Binsenmatten¹⁰ belegt und so niedrig, daß man kaum aufrecht darin stehen kann. Die Oeffnung zum Eingange ist kaum drei Fuß hoch und mit einem Schaffelle behangen. In der Mitte ist der Feuerherd, und der Eingang dient zum Rauchfange. Diese Hütten sind rund, gleich Bienenkörben, und einige zwanzig¹¹ derselben machen einen Kraal oder ein Dorf aus, das immer im Kreise mit einwärts gerichteten¹² Hüttenthüren gebaut wird. In den innern freien Platz wird bei der Nacht ihr Vieh getrieben.

¹ in der Mitte stehen, to be the connecting link. ² wohlgewachsen, well proportioned. ³ durch das Eindrücken, from being pressed. ⁴ verhältnißmäßig, comparatively. ⁵ Ansehen, appearance. ⁶ Sorglosigkeit, freedom from care. ⁷ Gliedmaßen, limbs. ⁸ einwärts gekehrt, turned in. ⁹ höchstens, in the highest case. ¹⁰ Binsenmatten, rush mats. ¹¹ einige zwanzig, some twenty. ¹² einwärts gerichtet, facing the inside.

2. Ihre gewöhnlichen Nahrungsmittel bestehen in Kräutern, Wurzeln und allen Arten von gekochtem und gebratenem Fleische. Gedärme der Ochsen und Schafe sind ihnen ein besonderer Leckerbissen¹; Alles wird ohne Salz und anderes Gewürz genossen². Sie essen gewöhnlich so lange, als etwas vorräthig ist. Die Männer sind gern faul oder beschäftigen sich mit der Jagd, die sie in Gesellschaft treiben und auf der sie mit vieler Herzhaftigkeit Löwen, Tiger, Wölfe u. s. w. bekämpfen³.

Die Weiber verrichten die meiste Arbeit, besorgen das Vieh, sammeln Holz, Wurzeln, Kräuter u. s. w. Haben sie nichts zu essen, so schnüren sie sich den Leib zusammen⁴ oder legen sich schlafen. Vom Feldbau wissen sie nichts; Viehzucht ist ihre einzige Beschäftigung; zahlreiche Heerden von Kühen, Ochsen und Schafen machen ihren Reichthum aus.

Ihre Waffen werden von ihnen selbst verfertigt; Pfeile, Lanzen, Zagayen⁵ mit eisernen Spitzen, welche sie durch Schlangengift zu vergiften verstehen. Jeder Kraal hat sein eigenes Oberhaupt und bildet eine kleine Republik. Ihre Sprache ist äußerst schwer. Religionsbegriffe haben sie nicht,

glauben aber an Zauberei⁶. Alte und hülflose Personen werden verstoßen⁷, krüppelige⁸ Kinder werden gleich nach der Geburt getödtet.
A. Müller.

¹ Lederbissen, delicacy. ² genießen, to eat. ³ bekämpfen, to make war upon. ⁴ zusammenschnüren, to tighten up. ⁵ Zagayen, zagays. ⁶ Zauberei, magic. ⁷ verstoßen, to expel. ⁸ krüppelig, deformed.

10. Der Winter in Neapel.

1. Italiener, die aus Deutschland zurückkehren, erzählen, sie hätten sieben Monate lang Winter und fünf Monate keinen Sommer gehabt. In Neapel rechnet man auf vier Tage drei schöne. Eis und Schnee sind höchst seltene Erscheinungen. Ich habe nun schon mehre Winter hier zugebracht und auch nicht eine Flocke in der Stadt fallen sehen. Zwar¹ sieht man vom November bis in den März weiße Berggipfel, denn die Abruzzen haben ein rauhes Klima, ja² der Vesuv selbst ist oft wochenlang³ in einen Schneemantel gehüllt; hier unten aber lacht ewiger Frühling, kein Frühling mit blühenden Bäumen, aber doch mit frischem Rasen⁴, mit Blumen, jungem Laube, Gemüse und mit vielen immergrünen Bäumen. Er ist wie ein deutscher März; oft die wärmste Sonne, oft finsteres Gewölk, Regen und Sturm.

Es fällt auch wol dem Himmel ein⁵, fünf Wochen lang ohne Unterlaß⁶ Wasser herabzuschicken; von einer eigentlichen Regenzeit⁷ kann aber nicht die Rede sein. Die Blumen gedeihen⁸ um Neapel herum in solcher Fülle, daß die Knaben vom Lande ganze Körbchen voll Sträußchen in der Stadt feilbieten, und daß im Februar an allen Carnevalstagen den vorüberfahrenden⁹ Damen Bouquets in den Wagen geworfen werden.

Freilich¹⁰ erscheint hier geringe Kälte bedeutender als heftige in Deutschland, einmal¹¹, weil die Haut weicher und empfindlicher ist, hauptsächlich aber darum, weil man sich nicht auf die rauhe Jahreszeit vorbereitet hat. Die Fußböden sind von Stein; die Fenster gehen bis auf den Boden und schließen¹² nicht; die Thüren stehen immer offen; die Oefen fehlen, und Kamine gehören zu den seltenen Dingen. Gewöhnlich hat der Neapolitaner bei kalter Witterung nur ein Kohlenbecken¹³, über dem er sich von Zeit zu Zeit die Hände wärmt, zugleich hält er aber oft die Fenster offen, weil er den widerlichen¹⁴ Dampf nicht ertragen kann.

¹ zwar, it is true. ² ja, even. ³ wochenlang, for weeks. ⁴ frischer Rasen, green turf. ⁵ es fällt dem Himmel ein, the sky thinks fit. ⁶ Unterlaß, interruption. ⁷ eine eigentliche Regenzeit, an actual rainy season. ⁸ gedeihen, to thrive. ⁹ vorüberfahrend, when driving by. ¹⁰ freilich, it is true. ¹¹ einmal, firstly. ¹² schließen, to shut close. ¹³ Kohlenbecken, chafing dish. ¹⁴ widerlich, disagreeable.

2. So kommt es, daß man nirgends mehr friert als in Italien, und zwar klagen die Russen am meisten, weil sie daheim am besten heizen. Der Fremde, welcher in Neapel behaglich¹ leben will, verschaffe sich also für den Winter ein Zimmer mit Teppichen oder Strohdecken², mit wohlschließenden Fenstern und einem Kamine, oder — was schon eine außerordentliche Erscheinung ist — einen Blechofen³.
Uebrigens hat hier die Sonne immer große Kraft, sobald der Winter heiter ist und kein Wind weht. Dann liegen die Lazzaroni und Landleute im Januar auf den Gassen und halten, wie im Sommer, ihren Mittagsschlaf⁴; dann sieht man noch in der Nacht halbnackte Bettler auf dem Pflaster ausgestreckt. Erhebt sich aber der Nordwind, die berüchtigte Tramontana, und rüttelt⁵ die schlechten Fenster, so hüllt sich der Fremde in seinen Mantel und seufzt nach dem traulichen⁶ Ofen in der Heimat. Man sieht nach dem Thermometer und begreift nicht, daß es noch so hoch steht.
Der Neapolitaner kann auf der Stube weit mehr Kälte ertragen als der Nordländer; im Freien aber geht er, bei einigermaßen rauher Luft⁷, sehr warm gekleidet und bedeckt sorgfältig den Mund. Dies thun sogar die härtesten Fischer, indem sie einen Zipfel ihrer braunen Kutte hoch über die Schulter werfen und den Kopf neigen⁸, was ihnen ein ungemein⁹ malerisches Aussehen gibt. Dabei¹⁰ haben sie doch oft nackte Füße.

¹ behaglich, comfortably. ² Strohdecke, straw mat. ³ Blechofen, stove of sheet-iron. ⁴ Mittagsschlaf, siesta. ⁵ rütteln, to rattle. ⁶ traulich, dear. ⁷ bei einigermaßen rauher Luft, if the wind is only the least sharp. ⁸ neigen, to bend. ⁹ ungemein, uncommonly. ¹⁰ dabei, with this.

3. Gewitter sind hier im Ganzen selten, sie kommen im Winter häufiger vor¹ als im Sommer und treten öfters plötzlich mit großer Heftigkeit ein², besonders im Gebirge. — Nichts ist erhabener als ein Gewitter auf dem Meere; ich habe ein solches letzten Sommer am Strande der Insel Ischia beobachtet³. Es war schwarze Nacht; kein Mond, kein Stern konnte das schwere Gewölk durchbrechen⁴. Das offene Meer

lag wie eine Welt voll Finsterniß vor mir; ich sah die Wellen nicht, hörte sie nur brüllen und schäumen und an die Lava-klippen des Ufers schlagen⁵, als solle mein Felsensitz⁶ in Trümmer gehen. Jetzt zuckten leichte Blitze⁷ in der Ferne; gezacktes Feuer⁸ drang von allen Seiten aus dem schwarzen Himmel; der ganze Horizont flammte von Glut, und die weite, wild bewegte, weiß schäumende See lag plötzlich deut-lich⁹ vor mir, um sogleich wieder in Nacht zu versinken. Lautkrachend umrollte mich der Donner, die Erde zitterte. So währte¹⁰ es die halbe Nacht. Endlich zog das Gewitter weiter; der Donner erstarb¹¹, nur die Blitze leuchteten noch; kein Regen fiel auf der Insel.   A. Mayer.

¹ häufiger vorkommen, to be more frequent. ² eintreten, to come. ³ beobachten, to witness. ⁴ durchbrechen, to pierce. ⁵ schlagen an, to beat against. ⁶ Felsensitz, rocky seat. ⁷ leichte Blitze zuckten, faint flashes of lightning appeared. ⁸ gezacktes Feuer, forked fire. ⁹ deut-lich, distinct. ¹⁰ währen, to go on. ¹¹ ersterben, to die away.

11. Der Rheinfall.

1. Der Rheinfall ist nicht immer gleich interessant; es kommt¹ auf die Wassermenge², die Witterung und auf die Tageszeit an. Bei hohem Wasserstande³ und heller sonniger Witterung ist der Anblick wahrhaft großartig. Einen solchen Tag hatten wir. Nachdem wir uns gegenüber dem Falle vom Ufer aus an seinem Brausen⁴, Wogen⁵, Stäuben⁶ er-götzt hatten, ließen wir uns ans andere Ufer hinübersetzen, um den Fall in der Nähe zu sehen.

So weit entfernt wir auch vom Falle selbst waren, so tanzte⁷ doch unser Schifflein⁸ so stark auf den noch immer vom Falle aufgeregten⁹ Wellen, daß es einen kräftigen Fähr-mann¹⁰ und unerschrockene Passagiere erforderte, um glücklich hinüber zu kommen. Ist man auf dem jenseitigen Ufer an-gelangt, so steigt man einen Theil des Berges hinan, von dessen Gipfel das Schlößchen Laufen sehr malerisch¹¹ auf das Getöse¹² unter ihm herabschaut; dann gelangt man links auf einem Fußwege in ein Bretergerüste¹³, das so weit wie möglich von dem Felsen hinaus¹⁴ in das tobende Wasser ge-baut ist.

¹ es kommt an, it depends. ² Wassermenge, quantity of water. ³ bei hohem Wasserstande, when the water is high. ⁴ brausen, to roar. ⁵ wogen, to undulate. ⁶ stäuben, to cast up spray. ⁷ tanzen, to rock. ⁸ Schifflein, boat. ⁹ aufgeregt, agitated. ¹⁰ Fährmann, boatman. ¹¹ malerisch herabschauen, to look down upon the pictu-

resque view. ¹² Getöse, noisy scene. ¹³ ein Bretergerüst, a scaffolding of boards. ¹⁴ so weit von dem Felsen hinaus, as far from the rocks.

2. Hier ist das Schauspiel des herabstürzenden Stromes unbeschreiblich. Man steht gerade¹ unter dem Falle und glaubt beim Hinausblicken nicht anders, als daß² das brausende Wasser, das mit jedem Augenblicke neue Massen wie Wolken mit unermüdlichem Ungestüm nachwälzt³, den Zuschauer bedecken wolle. Hören kann man vor dem Lärmen des erzürnten, sich am Felsen hundertfach brechenden⁴ Stromes nichts Anderes mehr. Man sieht und empfindet nur. Man sieht, wie die sonst grüne Flut⁵ sich in weißen Schaum verwandelt und zum Theil in der Luft zerstäubt⁶, im Zerstäuben aber noch den Regenbogen gebiert⁷, der bei hellem Wetter beständig über dieser verberbendrohenden⁸ Wasserflut steht. Man fühlt zugleich einen feinen Staubregen⁹, der mit dem gewaltigen, drohenden Anbrängen¹⁰ der empörten Wogen contrastirt, und dem Menschen die alte Lehre gibt, daß die in der Ferne drohendste Gefahr, wenn man sie fest und besonnen ins Auge faßt¹¹, in der Nähe oft nur als ein sanfter Staubregen den Menschen berührt.   G. A. Rieche.

¹ gerade, just. ² man glaubt nicht anders, als daß, one 'cannot believe but that. ³ mit unermüdlichem Ungestüm nachwälzen, to roll on with incessant impetuosity. ⁴ sich hundertfach brechen, breaking in a hundred ways. ⁵ die sonst grüne Flut, the till now green flood. ⁶ zerstäuben, to spray. ⁷ gebiert, produces. ⁸ Verderben drohend, destruction-threatening. ⁹ Staubregen, light-rain. ¹⁰ Anbrängen, efforts. ¹¹ besonnen ins Auge fassen, to contemplate maturely.

12. Der Sturm auf den Antillen im Jahre 1780.

1. Dieser Sturm¹, welcher unter die furchtbarsten Naturerscheinungen des vorigen Jahrhunderts gehört, verheerte um die Mitte des Jahres 1780 alle Antillen, besonders aber die Insel Barbados und Jamaica. Um 8 Uhr Morgens brach das Ungewitter aus und wüthete 48 Stunden unaufhörlich fort². Die Schiffe, welche in den Häfen vor Anker lagen und sich in völliger Sicherheit glaubten, wurden von ihren Ankern gerissen, in die hohe See getrieben³ und dort der Gewalt⁴ des Sturmes preisgegeben.

Die Lage der Bewohner der Insel war noch trauriger, denn in der folgenden Nacht verdoppelte sich die Wuth des Sturmes. Häuser stürzten ein⁵ und die größten Bäume wurden mit ihren Wurzeln ausgerissen. Menschen und Thiere irrten umher⁶ oder wurden unter den Trümmern begraben. Die Hauptstadt der Insel Jamaica wurde fast dem Boden gleichgemacht⁷. Die prächtige Wohnung des Gouverneurs, deren Mauern drei Fuß dick waren, wurde bis auf den Grund erschüttert⁸ und drohte jeden Augenblick einzustürzen. In den Häusern bemühte man sich, die Thüren und Fenster mit Riegeln zu befestigen, um den Windstößen⁹ zu widerstehen; aber alle Anstrengungen waren vergebens. Die Thüren wurden aus den Angeln gehoben¹⁰, die Balken auseinandergerissen, und die Wände spalteten sich.

Die unglücklichen Bewohner irrten ohne Zufluchtsort¹¹ und Hülfe verzweiflungsvoll umher. Viele wurden zerschmettert¹² unter den Trümmern ihrer Wohnungen, Andere ertranken in den von dem Orkan auf das Land geworfenen unermeßlichen Gewässern¹³, noch Andere wurden von Sand- und Staubwolken erstickt. Die dicke Finsterniß, das Feuer der häufigen Blitze, das unaufhörliche Rollen des Donners, das furchtbare Sausen¹⁴ des Windes und Regens, das herzzerreißende¹⁵ Geschrei der Sterbenden, das Klagen und Jammern¹⁶ Derjenigen, welche ihnen nicht zu Hülfe kommen konnten, das Geheul¹⁷ der Mütter und der Kinder: alles Dieses schien die Zerstörung der Welt anzukündigen.

¹ Sturm, hurricane. ² unaufhörlich, without ceasing. ³ in die hohe See treiben, to drive out to sea. ⁴ der Gewalt preisgeben, to deliver up to the mercy. ⁵ einstürzen, to tumble down. ⁶ umherirren, to go wandering about. ⁷ dem Boden gleichmachen, to level to the ground. ⁸ bis auf den Grund erschüttern, to shake to the foundation. ⁹ Windstöße, gusts of wind. ¹⁰ aus den Angeln heben, to lift off the hinges. ¹¹ Zufluchtsort, shelter. ¹² zerschmettern, to crush. ¹³ die unermeßlichen Gewässer, the immense masses of water. ¹⁴ Sausen, whistling. ¹⁵ herzzerreißend, heartrending. ¹⁶ Jammern, anguish. ¹⁷ Geheul, lamentation.

2. Endlich enthüllte der wiederkehrende Tag den Blicken Derer, welche diese Schreckenstage¹ überlebt hatten, ein Schauspiel, welches sich die Einbildungskraft kaum zu entwerfen² vermag. Die vorher so reiche und blühende Insel Barbados mit ihren bezaubernden Ländereien³ schien plötzlich in eine jener Gegenden am Pol verwandelt zu sein, wo ein ewiger Winter herrscht. Es stand kein Haus mehr; überall sah man nur Trümmer und Verwüstung. Die Bäume waren entwurzelt, die Erde war mit Leichnamen von Menschen und Thieren bedeckt; selbst die Oberfläche des Landes hatte ihr Ansehen verändert. Man sah bloß Schlamm und Sand,

die Grenzen der Ländereien waren verschwunden, die Gräben ausgefüllt und die Wege durch entstandene⁴ tiefe Abgründe zerschnitten. Die Zahl der Todten belief sich auf mehre Tausende, außer⁵ Denen, die unter den Trümmern ihrer Wohnungen verschüttet⁶ oder von den Wogen und Stürmen fortgeschwemmt⁷ worden waren. Der Wind war von solcher Gewalt, daß eine zwölfpfündige Kanone von einer Batterie nach einer andern, welche über dreihundert Schritte von jener entfernt lag, geschleudert wurde⁸.   Thieme.

¹ Schreckenstage, days of terror. ² entwerfen, to conceive. ³ Ländereien, possessions. ⁴ entstanden, which had formed themselves. ⁵ außer, besides. ⁶ verschüttet, buried. ⁷ fortschwemmen, to carry away. ⁸ schleudern, to hurl.

13. Peter der Große in Rußland.

1. Vor etwa 150 Jahren war Rußland noch ein höchst unbedeutender Staat, und von seinen rohen Bewohnern sprach man damals so fremd¹, wie jetzt ungefähr von den Tataren und Mongolen. Das ist nun aber ganz anders, und der Mann, durch den es anfing anders zu werden², war Zar Peter der Große. Dieser merkwürdige Mann kam schon als Knabe auf den Thron. Damals hatte er aber nicht viel zu sagen; denn seine Schwester Sophie leitete Alles, und suchte ihren Bruder nach und nach vom Throne zu stoßen. Der junge Peter schien sich auch nicht viel daraus zu machen³, und spielte auf einem Dorfe mit einer Schar junger Russen fast immer Soldatenspiele. Ein Schweizer aus Genf⁴, Namens Lefort, war auch dabei, leitete das Spiel und erzählte dem lernbegierigen⁵ Knaben viel von den Merkwürdigkeiten der andern europäischen Länder, und sagte ihm, daß da Alles viel ordentlicher und menschlicher zugehe⁶ als in Rußland.

Peter brannte vor Begierde, auch in Rußland solche nützliche Einrichtungen⁷ zu machen. Dies ging lange stille und gut. Endlich aber merkte seine Schwester, daß es ihrem Bruder ernster sei⁸ als sie gedacht hätte, und da machte sie einen Anschlag⁹ auf sein Leben. Doch Peter kam ihr zuvor¹⁰. Die böse Schwester wurde eingesperrt, und der Bruder ward alleiniger Herrscher im Lande. Nun ging er rasch ans Werk¹¹ und ließ viele fremde, geschickte Leute ins Land kommen, um die Russen zu unterrichten. Ja¹², er wollte selbst sehen, wie es in andern Ländern aussehe¹³, und durchreiste nacheinander ¹⁴ Deutschland, Holland und England. In dem Dorfe Saardam in Holland, Amsterdam gegenüber, blieb er sieben Wochen, und lernte dort, als Schiffsjunge gekleidet, den Schiffsbau. Er war der fleißigste unter den Arbeitern, die ihn eine geraume Zeit ¹⁵ gar nicht kannten. Seine kleine Hütte, in der er wohnte, ist noch jetzt zu sehen. Als er nach Rußland zurückgekehrt war, ließ er viele vornehme junge Leute hinauswandern und ferne Länder besehen, damit sie, wenn sie wiederkämen, erzählen und verbreiten könnten, was sie Gutes und Nützliches gefunden hätten. Jedermann, der Lust zum Arbeiten hatte und bereit war, nützliche Kenntnisse zu verbreiten, war in Rußland willkommen, wurde von Peter begünstigt und fand sein gutes Brot ¹⁶.

¹ so fremd sprechen, to speak of a strange people. ² es fing an anders zu werden, this change was brought about. ³ sich nicht viel daraus machen, not to care much of it. ⁴ Genf, Geneva. ⁵ lernbegierig, enquiring. ⁶ es geht da Alles menschlicher zu, there is all more civilized. ⁷ Einrichtungen, institutions. ⁸ ernster sei, to be more in earnest. ⁹ Anschlag, attempt. ¹⁰ zuvorkommen, to anticipate. ¹¹ rasch ans Werk gehen, to begin the work in earnest. ¹² ja, even. ¹³ wie es aussehe, how it was. ¹⁴ nacheinander, successively. ¹⁵ geraume Zeit, a long time. ¹⁶ sein gutes Brot finden, to obtain a good livelihood.

2. Die alte Hauptstadt des Reichs, Moskau, gefiel dem Zar nicht, weil sie mitten im Lande lag¹, er wollte gern eine nahe am Meere haben. So fing er denn 1703 an, eine neue Stadt an der Newa, nicht fern vom Finnischen Meerbusen², zu erbauen, und nannte sie nach seinem Namen Petersburg. Das kostete aber unsägliche Mühe³; aus allen Theilen des weiten Reichs wurden Bauern in großen Massen⁴ nach der Newa zusammengetrieben. Da mußten sie nun in sumpfiger Gegend mit den Händen und in den Rockschößen⁵ Steine und Schlamm und Erde zusammentragen⁶, denn es fehlte an Bauwerkzeugen⁷. Dabei wurden sie krank, schlecht verpflegt⁸ und Hunderttausend starben in der Fremde dahin. Jetzt ist Petersburg eine der schönsten Städte der Welt.

So viele Schwierigkeiten bei der Erbauung von Petersburg zu überwinden waren, so schwer ging es auch bei Peter's andern Verbesserungen. Die Russen wollten diese Neuerungen nicht gern haben und empörten sich mehrmals. Peter selbst war jähzornig⁹ und roh; mit fürchterlicher Strenge unterdrückte und bestrafte er ihre Aufstände¹⁰ und zwang die Russen mit Gewalt zu Dem, was er für das Bessere hielt¹¹.

So wurde dieses Volk nach und nach aus seinem rohen Zustande herausgerissen und zu seiner jetzigen Größe und Macht, in der es immer noch zunimmt, erhoben [12]. Peter starb im Jahre 1725 an einer Erkältung, die er sich bei Rettung eines Bootes im kalten Winter zugezogen hatte. **Kappe.**

[1] liegen, to be situated. [2] der Finnische Meerbusen, the Gulf of Finland. [3] unsagliche Mühe, an unheard of trouble. [4] in großen Massen, in crowds. [5] die Rockschöße, the skirts of their coats. [6] zusammentragen, to carry to a heap. [7] Bauwerkzeuge, tools for building. [8] verpflegt, attended. [9] jähzornig, passionate. [10] Aufstand, revolt. [11] für das Bessere halten, to consider best. [12] erheben, to raise.

14. Die Gottesurtheile.

1. Je unwissender ein Volk ist, desto mehr ist es dem Aberglauben ergeben. So waren es auch die Völker des Mittelalters. Sie konnten nicht begreifen, daß Gott durch natürliche Ursachen die Welt regiere, und glaubten daher bei jeder ungewöhnlichen Begebenheit [1], daß Gott sich unmittelbar in die menschlichen Handlungen mische [2]. Besonders wandte man diesen thörichten Glauben [3] auf die Rechtspflege [4] an. Vor Gericht durfte sich Jeder auf Gottes Ausspruch berufen [5]. Konnte daher nicht gleich entschieden werden, wer schuldig oder unschuldig sei, so unterwarf man die Parteien einer Probe [6], durch welche Gott, meinte man, selbst den Ausspruch thue [7]. Dergleichen Proben nannte man Ordalien [8] oder Gottesurtheile, und sie bestanden vornehmlich in der Feuerprobe [9], der Probe mit kochendem und kaltem Wasser, der Kreuzprobe und dem gerichtlichen Zweikampfe [10]. Vor dem Bestehen [11] einer solchen Probe nahm man das Abendmahl und unterwarf sich noch verschiedenen Ceremonien. Wer die Probe glücklich bestand [12], wurde feierlich für unschuldig erklärt.

[1] Begebenheit, occurrence. [2] sich mischen, to interfere. [3] thörichter Glauben, absurd belief. [4] die Rechtspflege, the exercise of justice. [5] sich berufen, to appeal. [6] Probe, trial. [7] den Ausspruch thun, to pronounce judgment. [8] Ordalien, ordeals. [9] Feuerprobe, trials by fire. [10] der gerichtliche Zweikampf, the judicial duelling. [11] bestehen, to undergo. [12] die Probe glücklich bestehen, to come off victorious.

2. Die Feuerprobe bestand darin, daß man zwischen zwei nahe nebeneinander [1] angezündeten Feuern hindurchging, oder man mußte 4½ Schritte mit einem glühenden

Eisen in der Hand laufen. Dann wurde die Hand verbunden und versiegelt. Wenn nach drei Tagen keine Wunde zu sehen war, so hielt man den Angeklagten für unschuldig. Die Probe mit kochendem Wasser erforderte, daß man die Hand in siedendes Wasser oder Oel steckte[2] und einen Ring oder ein Geldstück vom Boden des Gefäßes heraufholte[3]. Dabei verfuhr[4] man wie bei der Feuerprobe; man nannte dies auch den Kesselfang[5]. Die kalte Wasserprobe bestand darin, daß man an Händen und Füßen gebunden ins Wasser geworfen wurde. Sank der Angeklagte unter, so wurde er mit einem Stricke, der um den Leib gebunden war, geschwind wieder herausgezogen und losgesprochen; schwamm er aber, so war er schuldig. Die Kreuzprobe bestand darin, daß beide Theile, der Kläger wie der Verklagte, sich mit ausgebreiteten Armen an ein Kreuz stellten. Wer in dieser Stellung am längsten aushielt, hatte Recht, der Andere wurde bestraft. Alle diese Proben aber hielt der Mann, welcher das Recht hatte[6], die Waffen zu führen, seiner unwürdig, und unterwarf sich lieber dem **gerichtlichen Zweikampfe**. Diese Probe war die gefährlichste, thörichtste und unsittlichste, weil dabei der eine Theil gewöhnlich das Leben einbüßte[7], und Schuld oder Unschuld von der Stärke der Faust oder von der Gewandtheit des Körpers abhängig gemacht wurde. Dennoch war der Zweikampf das gewöhnlichste Mittel, die Unschuld zu beweisen. Daraus entstanden die noch in manchen Städten vorkommenden Duelle, die also den barbarischsten Zeiten ihren Ursprung verdanken.

Nösselt.

[1] nahe nebeneinander, close to each other. [2] stecken, to dip. [3] heraufholen, to take up. [4] verfahren, to proceed. [5] Kesselfang, kettle-fishing. [6] das Recht haben, to be entitled. [7] einbüßen, to lose.

15. Die Schlacht bei Roßbach, 1757.

1. In dem Treffen[1] bei Kollin hatte Friedrich schon den Sieg in Händen und der östreichische Feldherr hatte den Befehl zum Rückzug ertheilt, als durch die erbitterte Tapferkeit[2] der Sachsen das Kriegsglück[3] sich wandte und Friedrich mit außerordentlichem Verluste sich zurückziehen mußte. „Kinder!" rief er dem übriggebliebenen Häuflein[4] seiner Garde zu, „ihr habt heute einen schlimmen Tag gehabt; aber habt nur Geduld, ich werde Alles wieder gut machen." Und in der That ließ Friedrich nicht lange auf sich warten.

Die Franzosen gelten heut zu Tage für ein sehr tapferes Volk; damals waren sie durch die Schuld ihrer Offiziere elende Weichlinge[5]. Ein Prinz ohne alle Fähigkeit führte ein 60000 Mann starkes Heer heran. Friedrich zog mit 22000 Mann gegen dasselbe. Noch vor der Schlacht trug sich folgende lustige Geschichte zu:

In Gotha hatte sich der Prinz mit seinem ganzen Generalstabe[6] in das herzogliche Schloß einquartirt; 6000 Franzosen lagen in der Stadt. Die Herzogin von Gotha, eine Freundin Friedrich's, schickte einen treuen Bauer mit einem Zettelchen[7], welches derselbe zusammengerollt[8] in seinem hohlen Backenzahne verbarg, an den König und meldete ihm, daß der französische Marschall leicht überfallen werden könnte. Sogleich saß General Seydlitz, der raschste Reiter im Heere des Königs, mit 1500 Preußen auf und flog nach Gotha. Der französische Obergeneral wollte sich eben mit seinen Generalen in größter Sicherheit an die Tafel setzen, da schmetterten die Trompeten, und in vollem Galopp jagten[9] die preußischen Reiter durch die Straßen. Mit äußerster Behendigkeit sprangen die Franzosen auf, warfen sich schnell auf ihre Pferde und flohen, ohne sich umzusehen[10]. Seydlitz schickte den Fliehenden einige hundert Reiter nach; er selbst aber setzte sich mit seinen Offizieren lachend an die Tafel, die noch mit den dampfenden[11] Gerichten besetzt war. Soldaten wurden hier nur wenige gefangen aber desto mehr Kammerdiener, Köche, Friseurs[12], Schauspieler und Marketender[13]. Eine Masse von Pomadebüchsen, Kisten mit wohlriechenden Wassern, Schlafröcken, Sonnenschirmen, Papagaien ꝛc. fielen den Preußen in die Hände.

[1] Treffen, engagement. [2] die erbitterte Tapferkeit, the exasperated bravery. [3] das Kriegsglück, the fortune of war. [4] das Übriggebliebene Häufchen, the small surviving remnant. [5] elende Weichlinge, miserably effeminate. [6] Generalstab, staff. [7] Zettelchen, little note. [8] zusammenrollen, to roll up. [9] jagen, to ride. [10] sich umsehen, to look behind. [11] dampfend, smoking. [12] Friseur, hairdresser. [13] Marketender, sutler.

2. Endlich trafen die Franzosen und die Reichsarmee[1] auf den König bei dem Dorfe Roßbach in der Nähe von Lützen. Die Franzosen, an Zahl um das Dreifache überlegen, wußten, daß ihnen der Sieg nicht fehlen konnte. Das Einzige[2] machte ihnen Kummer, daß ihnen der König entwischen möchte; denn der übermüthige Marschall wollte ihn hier einschließen, mit dem ganzen Heere gefangen nehmen,

und so dem Siebenjährigen Kriege mit Einem mal ein Ende machen. Am 5. November rückten die Franzosen und Reichs= truppen heran. Friedrich wollte sie recht sicher machen³ und befahl, da er sich auf die Schnelligkeit seiner Reiter verlassen konnte, daß diese ganz ruhig in ihren Zelten bleiben und ihr Mittagsbrot kochen sollten. Er selbst setzte sich noch zur Tafel.

Indessen zogen die Franzosen mit klingendem Spiel⁴ bei dem preußischen Lager vorbei, um dies von allen Seiten ein= zuschließen. Der geringen Anzahl spottend, fragten sie höh= nisch⁵, ob das wol die potsdamer Wachtparade sei? Sie trauten⁶ kaum ihren Augen, als sie die Preußen ihr Mahl so ruhig verzehren sahen; sie hielten es für eine dumpfe⁷ Verzweiflung. Als es um 2 Uhr Nachmittags war, da winkte endlich Friedrich. Im Nu⁸ waren die Zelte abgebrochen, jedes Regiment stand augenblicklich auf dem ihm bestimmten Platze, das Heer dehnte sich⁹ zu einer musterhaft entworfe= nen Schlachtordnung¹⁰ aus. Die Franzosen staunten, aber nur kurze Zeit. Der kühne Seydlitz hatte sich ganz sachte mit den Reitern hinter einige Hügel gezogen¹¹, und stürzte sich plötzlich in die rechte Seite des Feindes. Zugleich rückte das Fußvolk im Sturmschritt vor¹². Die Franzosen hielten nur ein dreimaliges Feuer aus¹³; dann warfen sie sich flüch= tend auf ihren linken Flügel und brachten Alles in Verwir= rung. In diesen ungeordneten Menschenhaufen¹⁴ hieben nun die preußischen Reiterregimenter ein¹⁵, tödteten eine Menge, machten Gefangene in Menge; die Uebrigen stürzten über Hals und Kopf¹⁶ in die Flucht. Nur die einbrechende Dun= kelheit entzog sie ihren Verfolgern. **Curtmann.**

¹ die Reichsarmee, the Imperial army. ² das Einzige, the only thing. ³ recht sicher machen, to inspire with a feeling of security. ⁴ mit klingendem Spiele, drums a beating. ⁵ höhnisch, sneeringly. ⁶ trauen, to believe. ⁷ dumpf, apathetic. ⁸ im Nu, in a trice. ⁹ sich ausdehnen, to draw out. ¹⁰ eine musterhaft entworfene Schlachtordnung, a superiorly well ordered battle array. ¹¹ sich ziehen, to slip. ¹² in Sturmschritt vorrücken, to advance to the assault. ¹³ ein dreimaliges Feuer aushalten, to stand three volleys. ¹⁴ Menschenhaufen, mass of men. ¹⁵ einhauen, to charge in. ¹⁶ über Hals und Kopf, headlong.

16. Die Gemsen.

1. Die Gemsen bewohnen die höchsten Alpen, besonders in der Nähe der Gletscher, und gedeihen¹ nur in reiner Berg= luft. Diejenigen, welche die höchsten Gegenden der Alpen

bewohnen, nennt man Gratthiere², und diese sind gewöhnlich kleiner und schwächer als die sogenannten Waldthiere³, welche sich in niedrigern Regionen aufhalten. Die Gemse ist ein hübsches, schlankes Thier, hat kurze, graue und dunkelbraune Haare, zwei kleine, oben wie ein Haken gekrümmte⁴ Hörner an der Stirn, fast gerade zwischen⁵ den Augen, wird an zwanzig Jahre alt⁶ und nährt sich im Sommer von dem zartesten Alpengrase, welches sie auch im Winter unter dem Schnee hervorscharrt⁷. Findet sie im Winter kein Gras unter dem Schnee, so geht sie an abhängige Orte⁸, wo sie immer einige, wenngleich⁹ kümmerliche¹⁰ Nahrung an Moos und Flechten¹¹ findet.

Die Gemsen gehen vor Sonnenaufgang auf die Weide und nach Sonnenuntergang bis in die Nacht; den Tag über liegen sie gewöhnlich an schattigen Orten, vorzüglich gern¹² in der Nähe des Schnees. Sie leben in Familien oder Rudeln¹³ beisammen und eine alte Gemse ist immer Anführerin einer solchen Familie. Sie führt die Gesellschaft auf die Weide, hält sie in Ordnung, wacht für sie, und sobald sie Gefahr merkt, gibt sie einen durchbringenden Laut durch die Nase von sich¹⁴, worauf augenblicklich das ganze Rudel mit unbeschreiblicher Schnelligkeit entflieht, und diese Flucht geschieht beständig bergaufwärts¹⁵, nie bergunter. Wird die Anführerin eines Rudels geschossen, so ist es, als ob die Seele der Gesellschaft fort wäre; dann wissen sie nicht, wohin sie fliehen sollen, irren umher, und fallen dem Jäger in den Schuß¹⁶.

¹ gebeihen, to thrive. ² Gratthiere, red chamois or mountain-goats. ³ Waldthiere, wood-goats. ⁴ wie ein Haken gekrümmt, curved. ⁵ fast gerade zwischen, almost in the midst between. ⁶ an zwanzig Jahre, about twenty. ⁷ hervorscharren, to scrape. ⁸ abhängige Orte, the most precipitous places. ⁹ wenngleich, if it were only. ¹⁰ kümmerlich, scanty. ¹¹ Flechten, lichen. ¹² vorzüglich gern, to like especially. ¹³ Rudel, flocks. ¹⁴ einen durchbringenden Laut von sich geben, to make a piercing noise. ¹⁵ bergaufwärts, up the mountain. ¹⁶ in den Schuß fallen, to fall within shot.

2. Ihre Fertigkeit¹, über fast senkrechte Felswände² hinauf- und hinabzuklettern, übersteigt allen Glauben³. Wo nur ein Stein oder irgendein Vorsprung⁴ eine Hand breit hervorsteht, da können sie ihre Füße hinsetzen; und über jähe Felsenwände, die nur nicht ganz senkrecht sind, laufen sie mit unbeschreiblicher Schnelligkeit auf und ab. Die Jungen, die vom Mai an bis zum Ende des Heumonats⁵ geworfen⁶

werden, sind überaus niedliche Thierchen. Eine Mutter wirft nie mehr als ein Junges, welches an einsamen Orten unter einem Felsen geschieht. Nach zwei Tagen läuft das Junge seiner Mutter überall nach⁷ und weicht nicht von ihr. Wenn die Mutter geschossen wird, so bleibt das Junge bei dem todten Körper stehen und läßt sich ganz geduldig mit den Händen greifen, welches die einzige Art ist, eine Gemse zu fangen. Erst nach zwei bis drei Monaten brechen die kleinen Hörner hervor, die anfangs ganz gerade und spitzig sind und erst, wenn sie zwei bis drei Zoll lang gewachsen sind, sich zu krümmen anfangen. Das Fleisch der Gemsen ist sehr schmackhaft, und ihre Haut gewährt mancherlei Nutzen⁸.

Meiners.

¹ Fertigkeit, expertness. ² fast senkrechte Felswände, almost perpendicular precipices. ³ allen Glauben übersteigen, to be beyond conception. ⁴ Vorsprung, prominence. ⁵ Heumonat, June. ⁶ werfen, to produce. ⁷ nachlaufen, to follow. ⁸ mancherlei Nutzen gewähren, to be useful in many ways.

17. Das Flußpferd.

1. Das Flußpferd¹, das unförmigste unter allen Landthieren, ist über das ganze südliche Afrika verbreitet und findet sich am zahlreichsten am Vorgebirge der guten Hoffnung. So ungeschickt das Thier erscheint, so kann es doch vortrefflich schwimmen und tauchen² und auf dem Boden der Flüsse so gemächlich umhergehen wie auf dem Lande. Auf angebauten Feldern verursacht es durch seine plumpen, breiten Füße eine entsetzliche Verwüstung³, und es ist daher in den Gegenden, wo es sich zahlreich findet, eine arge Plage⁴ der Bewohner, die, weil es ihnen an Geschütz⁵ fehlt, die grösseren Thiere nicht leicht erlegen können.

Die Harpunen, mit denen man das Flußpferd anzuwerfen⁶ pflegt, sind denjenigen ähnlich, deren man sich auf der Krokodilsjagd bedient, nur sind sie noch schärfer zugespitzt. Die Harpune ist an einem langen starken Strick befestigt, an dessen anderm Ende sich ein großer Klotz⁷ von leichtem Holze befindet, damit man das Thier im Wasser wieder auffinden⁸ könne. Der Jäger nimmt einen Theil des Stricks nebst der Harpune in die rechte Hand; in der linken trägt er den übrigen Theil des Seils und den Holzkloß. So nähert er sich behutsam dem Thiere, wenn es bei Tag auf einer Insel schläft, oder er lauert⁹ des Nachts an einer Uferstelle, von

wo aus das Thier die Saatfelder¹⁰ aufzusuchen pflegt. So=
bald er dem Thiere auf sieben oder acht Schritte nahe ist,
wirft er mit aller Kraft die Lanze, deren Harpune, wenn
der Wurf geschickt ausgeführt worden¹¹, mit den Wider=
haken¹² durch die dicke Haut in das Fleisch einbringt. Das
verwundete Thier flieht gewöhnlich nach dem Wasser hin und
verbirgt sich in den Fluten; die Holzlanze bricht ab, aber der
Strick ist an der Harpune befestigt, und der schwimmende
Klotz bezeichnet dann die Richtung, in der das Flußpferd sich
fortbewegt. Das Anwerfen des Thieres ist mit großer Ge=
fahr verbunden; denn wenn es den Jäger bemerkt, ehe der
Wurf geschehen ist, so stürzt es mit Wuth auf denselben los
und zerstampft¹³ ihn entweder mit den Füßen, oder zer=
malmt¹⁴ ihn in seinem weit geöffneten Rachen.

¹ Flußpferd, Hippopotamus. ² tauchen, to dive. ³ Verwüstung,
havoc. ⁴ Plage, plague. ⁵ Geschütz, cannon. ⁶ anwerfen, to cast
at. ⁷ Klotz, block. ⁸ wiederauffinden, to find again. ⁹ lauern, to lie
in wait. ¹⁰ die Saatfelder, the fields sown with corn. ¹¹ wenn der
Wurf geschickt ausgeführt worden, if it has been cleverly thrown.
¹² Widerhaken, hook. ¹³ zerstampfen, to crush. ¹⁴ zermalmen, to grind.

2. Sobald das Thier glücklich angeworfen¹ ist, eilen die
Jäger in ihre Kähne, nähern sich behutsam dem schwimmen=
den Holzklotz, befestigen an demselben ein längeres Seil und
begeben sich dann auf eine größere Barke, auf welcher sich
ihre Gehülfen befinden. Von hier aus ziehen sie das Thier
mit dem Seil heran; der durch die Widerhaken verursachte
Schmerz reizt seine Wuth; es bringt auf die Barke ein²,
faßt sie mit den Zähnen, und zuweilen gelingt³ es ihm, sie
zu zertrümmern oder umzustürzen. Unterdeß sind die Jäger
nicht müßig⁴, werfen noch vier, fünf oder sechs andere Har=
punen auf den Feind, ziehen ihn immer näher an die Barke
heran, und stoßen ihm dann mit langen, spitzen Eisenstangen
den Schädel ein⁵. Dann wird das Thier, da die Fleisch=
masse zu groß ist, um ganz ans Ufer gezogen zu werden,
im Wasser vertheilt⁶ und die Stücke einzeln⁷ ans Land ge=
bracht. Ein ausgewachsenes⁸ Flußpferd liefert so viel Fleisch
wie vier bis fünf große Ochsen. *Dielitz.*

¹ angeworfen, hit. ² einbringen, to spring upon. ³ gelingen, to
succeed. ⁴ müßig, idle. ⁵ einstoßen, to knock in. ⁶ vertheilen, to
cut up. ⁷ die Stücke einzeln, the single pieces. ⁸ ausgewachsen, full
grown.

18. Das Dromedar.

1. Das Kameel, welches man Dromedar[1] nennt, hat nur einen Höcker[2] und ist weniger häßlich, als das mit zwei Buckeln. Es ist häufiger[3] und findet sich in Arabien, Nordafrika, von Aegypten bis nach Mauritanien, vom Mittelmeer bis zum Senegal, in Abyssinien, Persien, der südlichen Tartarei und Indien.

Dieses höchst merkwürdige Thier, welchem der Araber in seiner blumenreichen[4] Sprache mit Recht den Beinamen „Schiff der Wüste" gegeben hat, ist zur Durchreise der heißen afrikanischen Wüsten unentbehrlich und dem Araber so nothwendig, wie dem Lappländer das Rennthier. Ohne dieses höchst nützliche Geschöpf, welches der Araber als das kostbarste Geschenk des Himmels ansieht, würde man Sandmeere[5], wie die Sahara, wo das Auge nur eine endlose Fläche Flugsandes[6] sieht, nicht durchreisen[7] können, und nur mit dem Dromedar, das wenig frißt und viele Tage den Durst bezwingen kann, ist dieses Wagstück[8] möglich.

Die meisten dieser Thiere werden zum Lasttragen gebraucht; einige andere, die Maherri genannt werden, dienen nur zum Reiten. Der Araber sitzt oben auf seinem Höcker und ist mit einer Flinte, Lanze und anderm Geräthe[9] versehen. Der Maherri läuft gewöhnlich nur zwanzig Stunden allein angetrieben[10] legt er auch sechszig Stunden zurück.

Die Sättel der Dromedare sind in der Mitte hohl und haben an den beiden Bogen ein Stück rundes, wagerecht[11] gestelltes Holz, an welchem der Reiter sich festhält. Lange, an beiden Seiten herabhängende Beutel[12] mit einiger Nahrung für den Reiter und das Kameel, ein Schlauch[13] Wasser und ein lederner Gurt zur Peitsche ist das ganze Geräth[14]. Der gewöhnliche Gang ist ein weites Traben[15], wobei sie den Kopf und den Schwanz in die Höhe richten. Für jeden Ungeübten[16] ist diese Art zu reisen höchst beschwerlich; die Hände schwellen an und schmerzen, die Schenkel werden wie zerbrochen. Dabei stellt sich der heftigste Kopfschmerz ein durch die beständige Erschütterung, denn das Thier hat einen schweren Tritt[17]. Auch lebt der Reiter in Furcht von dem hohen Sitz das Gleichgewicht zu verlieren und herunterzustürzen, und die Schnelligkeit des Laufs in der glühenden Luft soll ihm fast den Athem nehmen.

Alle Kameele lieben Musik und scheinen an der menschlichen Stimme Wohlgefallen zu haben; der Araber, wenn er einen ſtarken Marſch[18] machen will, feuert ſie durch Geſang an, der mehr auf ſie wirken[19] ſoll, als alle Schläge; auch ſollen ſie, nach den Zeugniſſen einiger Reiſenden, langſamer und raſcher gehen, je nach dem langſamern oder ſchnellern Takt des Geſanges. Werden ſie überladen, ſo ſtehen ſie nicht eher auf, bis die Bürde erleichtert iſt. Sie ſind äußerſt mäßig, und zur Zeit der Noth iſt, nach eines Reiſenden Verſicherung, ein alter Weidenkorb[20] ein ganz gutes Eſſen. Haben ſie jedoch reiche Weide, ſo ſuchen ſie nur die beſten Gräſer. Auf langen Reiſen füttert man ſie mit etwas Gerſte, Bohnen, Datteln oder mit Kugeln von Weizenmehl.

[1] Dromedar, Dromedary. [2] Höder, Buckel, hump. [3] häufig, common. [4] blumenreich, flowery. [5] Sandmeer, sea of sand. [6] Flugſand, moving sable. [7] durchreiſen, to travel across. [8] Wagſtück, hazardous undertaking. [9] Geräthe, articles. [10] angetrieben, if spurred. [11] wagrecht, horizontally. [12] Beutel, pocket. [13] Schlauch, leather bag. [14] Geräth, baggage. [15] weites Traben, long trot. [16] der Ungeübte, one who is not accustomed. [17] Tritt, gait. [18] Marſch, trip. [19] wirken, to have effect. [20] Weidenkorb, osier basket.

2. Die köſtlichſte und nothwendigſte Eigenſchaft dieſes Thieres iſt die, daß es viele Tage ohne Beſchwerde[1] das Waſſer entbehren kann, und dies allein macht es zu dem nützlichen, für den Araber unentbehrlichen Geſchöpf. Hat es lange gebürſtet, ſo wittert[2] es hoch in der Luft, um in weiter Ferne eine Quelle zu entdecken, und verdoppelt ſeine Schritte, um dahin zu gelangen und den brennenden Durſt zu löſchen, welcher es jedoch weniger plagt[3] als ſeinen Herrn. Hat es zwölf bis zwanzig Tage nicht getrunken, dann iſt es aber auch im Stande, zwei Tonnen oder 240 Flaſchen Waſſer zu ſich zu nehmen[4]. Wenn daher eine Karavane von dreihundert Kameelen an eine der dürftigen Quellen der Wüſte kommt, wo nur eins nach dem andern ſaufen kann, ſo währt es wohl drei Tage, bis alle ihren Durſt gelöſcht haben. Iſt jedoch eine ſolche Quelle, welche die Führer der Karavane kennen, verſiegt[5], und ſind die Waſſerſchläuche geleert, ſo treibt die Noth den Menſchen, ein Kameel oder mehre zu ſchlachten, um das im Panſen[6] befindliche Waſſer zu erhalten und dem verzehrenden, grimmigen Durſte nicht zu unterliegen. Man weiß nicht, ob ſich das Waſſer in den Zellen[7] erzeugt, oder von dem getrunkenen zurückbleibt. Dieſes Waſſer, welches Einige als klar, hell und erquickend beſchreiben, ſchildern Andere als bitter, warm und noch gemiſcht

mit unverbautem Futter: um es trinkbar zu machen, müsse es durch ein Tuch geschlagen werden⁸.

Das Kameel wird mit Knie- und Brustschwielen⁹ geboren, ist erst im fünften Jahre erwachsen und kann fünfzig Jahre alt werden. Es schläft auf den Knien und ruht auf diesen und auf den Brustschwielen. Seine Augen sollen im Schlafe offen bleiben. Es ist wachsam und wird durch das geringste Geräusch aufgeweckt. Auch zum Kriege wird dasselbe gebraucht, denn die Perser haben abgerichtete Kameele, welche kleine Kanonen auf ihren Rücken tragen und bei jedem Schusse still stehen und den Kopf senken.   **J. J. Kaup.**

¹ Beschwerde, inconvenience. ² wittern, to scent up. ³ plagen, to torment. ⁴ zu sich nehmen, to consume. ⁵ versiegt, exhausted. ⁶ Pansen, panse. ⁷ Zelle, cell. ⁸ durchschlagen, to strain. ⁹ Knie- und Brustschwielen, the callosity on the knees and breast.

19. Fang der Eidergans.

1. Auf den rauhen, zackigen¹, mitten aus dem Meere sich erhebenden Felsen um Island und Faröer nistet² ein Vogel, dessen Kleid der Nordländer sehr hoch schätzt; dies ist die Eidergans oder Eiderente³. Das Thier ist größer als unsere gewöhnliche Ente, hat einen ziemlich plumpen Leib, dicken Kopf, halb walzenförmigen⁴ Schnabel, ist weiß, unten grauschwarz und hat unter den Flügeln an der Brust überaus zarte, weich wollige Daunen⁵, wovon ein halbes Pfund ein ganzes Deckbett⁶ ausfüllt, und wegen deren sie hauptsächlich gesucht werden.

Zur Zeit, da die Thiere Eier legen wollen, suchen sie sich an den Abgründen und schroffen Seiten der Felsen Höhlungen aus, in denen sie ihr Nest bereiten⁷ können; dieses füllen sie unten mit Moos, dann aber mit Federn aus, welche sie sich von der Brust ausrupfen⁸. In diesem weichen, warmen Neste, in welchem das Weibchen oft ganz vergraben liegt, da das Männchen dasselbe immer von neuem mit den zarten Daunen bedeckt, brüten sie ihre Eier aus⁹.

Um die Daunen und die Eier zu rauben, begeben sich die Jäger in einem schwankenden¹⁰ Kahne, mit ¹¹ Leitern und Stangen und mit starken Stricken von Seehundsleder geflochten¹², in das Felsenlabyrinth, welches von allen Seiten, besonders im Norden, die Insel umgibt. Dort sucht einer der Jäger mit Hülfe eines Steigeisens¹³ die Höhe eines Felsens zu erklimmen; ist ihm dies gelungen, so behält er

das eine Ende eines langen Strickes in der Hand, während
die andern Jäger zum nächsten Felsen fahren¹⁴ und hier ein
zweiter den Gipfel zu erreichen sucht; das Seil verbindet
diese beiden Felsen, indem es um eine zackige Klippe oder
einen in irgend eine Spalte getriebenen Pflock¹⁵ geschlungen
wird. Nun bringt man auf dieses Seil, welches mög-
lichst stark angespannt ist, eine Rolle¹⁶, durch welche ein
Seil doppelt durchgezogen¹⁷ ist, sodaß in der Mitte ein
Korb hangen kann, während die beiden andern Enden dieses Seiles in den Händen der beiden Jäger auf den Felsen
ruhen¹⁸.

¹ zackig, pointed. ² nistet, build its nest. ³ Eidergans oder Eider-
ente, Eider-Goose or Eider-Duck. ⁴ halb walzenförmig, of a half
cylindrical form. ⁵ Daunen, down. ⁶ Deckbett, quilt. ⁷ bereiten,
to build. ⁸ ausrupfen, pluck. ⁹ ausbrüten, to hatch. ¹⁰ schwankend,
fragile. ¹¹ mit, furnished with. ¹² von Seehundsleder geflochten,
made of the skin of the seal. ¹³ Steigeisen, grappling iron. ¹⁴ fahren, to move on. ¹⁵ ein in eine Spalte getriebener Pflock, a peg
driven into some split. ¹⁶ eine Rolle bringen, to attach a pulley.
¹⁷ doppelt durchziehen, to draw double. ¹⁸ ruhen, to be.

2. Ist dieses geschehen, so lassen die Jäger den Korb
nieder zur See, und nun steigt ein dritter Mann in denselben
und wird von ihnen emporgezogen, bis er durch ein Zeichen
zu erkennen gibt, daß er ein Nest gefunden. Behutsam¹
nimmt er die Eiberente heraus und läßt sie auffliegen, sieht,
ob die Eier ihres Nestes schon gebrütet sind, in welchem
Falle er nur die Federn nimmt. Sind die Eier jedoch ge-
nießbar², so fügt er sie zu seiner Beute und geht dann weiter. Die Eidervögel paaren sich³ nun wieder, füllen das
Nest abermals mit Federn; der böse Mensch holt ihnen aber
auch diesen Schatz, und läßt sie erst gegen die Mitte des
Sommers, wenn sie zum dritten mal gelegt und nur noch
eben Zeit haben zu brüten, in Ruhe, um die Brut nicht zu
zerstören. Dieses gefährliche Spiel⁴ wird nun fortgesetzt,
bis der Jäger entweder seinen Korb gefüllt hat, oder bis
er keine Beute mehr findet. Jetzt wird das Seil herab-
gelassen, ein anderer leerer Korb angehängt, und der Jäger
beginnt sein gewagtes Geschäft⁵ von neuem und fährt so
fort, bis er Alles durchsucht und jedes Nest beraubt hat.
An Stellen, wo die Felsen einzeln stehen⁶, ist dieses Geschäft viel gefahrvoller. Doch wie oft auch die Stricke reißen, Menschen ins Meer stürzen oder an den Felsen zer-
schmettert werden⁷ — die Jagd wird fortgesetzt, und es hat

den Isländern noch nicht an Eiern, den reichen Leuten des Festlandes noch nicht an Daunen der Eibergans gefehlt.

Zimmermann.

¹ behutsam, cautiously. ² genießbar, eatable. ³ sich paaren, to couple. ⁴ Spiel, sport. ⁵ Geschäft, occupation. ⁶ einzeln stehen, to be isolated. ⁷ zerschmettern, to smash.

20. Jerusalem.

1. Es war ein feierliches Erwachen am ersten Morgen, der mich in Jerusalem begrüßte. Kaum graute¹ der Tag, so zitterte meine Seele schon vor Erwartung Dessen, was ich sehen sollte. Langsam ging die erste Stunde des Morgens vorüber, und wir drangen in unsern Führer, uns dem Heiligthume² zuzuführen. Fast bangte mir³, festen Fußes⁴ aufzutreten, als wir in die Grabeskirche⁵ eintraten. Meine Augen waren wie getrübt⁶, und meine Seele ergriffen wunderbare heilige Gedanken, sobaß das steinerne Schnitzwerk⁷ und alle kolossale Pracht⁸ des Gebäudes mir nur vorkam, wie dem Wanderer ferne Burgzinnen⁹, die an grauen Bergen aus dem Nebel steigen. Ohne daß ich wußte, wie mir geschah¹⁰, war ich aus dem Grabesgeheimnisse¹¹ herausgetreten, und hatte die Terrasse der Kirche erstiegen, von welcher man ganz Jerusalem übersehen kann.

Da lag sie vor mir, die Stadt der Jahrtausende, und erschien mir wie eine Wittwe in ihrer Trauer. Die Jahrhunderte, welche auf ihr liegen, die vor Alter sinkenden¹² Oelbäume, die Grabmäler mit den weißen Steinen, die von der Zeit durchlöcherten Felsen, das zerstreute Gemäuer¹³, Alles erinnert an die schweren Begebnisse, die diese Stadt erlitten hat. Darum vermeint¹⁴ der Fremdling, es solle still sein in ihr, wie in einem Trauerhause, und die Menschen sollten mit verhüllten Häuptern¹⁵ auf ihren Gassen einhergehen. Aber auch dieses Trauerhaus von Jahrhunderten ist vom Getümmel der Menschen nicht verschont¹⁶ geblieben und überall drängen sich Käufer und Verkäufer, zudringliche Führer und gieriges Gesindel¹⁷.

¹ grauen, to begin to dawn. ² Heiligthum, the holy places. ³ fast bangte mir, I was almost afraid. ⁴ festen Fußes auftreten, to tread firmly. ⁵ die Grabeskirche, the church of the Holy sepulchre. ⁶ getrübt, dim. ⁷ Schnitzwerk, fret-work. ⁸ Pracht, grandeur. ⁹ Burgzinnen, pinnacles. ¹⁰ wie mir geschah, what I was doing. ¹¹ Grabesgeheimnisse, mysterious sepulchre. ¹² vor Alter sinkend, bent with age. ¹³ Gemäuer, ruins of walls. ¹⁴ vermeinen, to imagine. ¹⁵ mit verhüllten Häuptern, with veiled heads. ¹⁶ verschont, sheltered. ¹⁷ gieriges Gesindel, avaricious populace.

2. „Sehen Sie", sagte mein Führer, „dieser Weg, der zur Grabeskirche führt, ist der Schmerzensweg." — Hier ist kein Stein und keine Platte[1], die nicht Zeugen einer großen Begebenheit wären. Dieser Raum hat den Heiligsten gesehen in aller seiner Schmach[2], ihn, den Verurtheilten und Leidenden, den Dorngekrönten und unter der Last des Kreuzes zum Tode Geführten. Welch heilige Erinnerungen sind in diesen Steinen eingebaut[3]; wie viele tausend Herzen seit Konstantin's und Helena's Zeiten haben über diesen Anblick geblutet, sind von diesem Anblicke getröstet wieder von dannen gezogen[4].

„Dort im Süden liegt Bethlehem", sprach der Führer weiter. Bethlehem, die anmuthigste unter den Städten! Sie liegt so friedlich auf dem Berge, und die hohe Sonne schaut so ruhig auf sie, daß ich mich nicht erinnere, irgendwo einen Ort gesehen zu haben, der mit solcher Anmuth solche Majestät verbände.

Dort zur Linken zwischen den Hügeln dehnt sich das Thal der Hirten; eng und still liegt es zwischen den Bergen, und nur wenige Bäume begrenzen seinen Saum[5]. Dort haben in der heiligen Nacht die Heerscharen[6] des Himmels zuerst den Aermsten unter dem Volke das neue Heil verkündet. Viele Klöster erheben sich über die Häuser von Bethlehem, und die Kuppel, welche am höchsten hervorragt, gehört der durch die Kaiserin Helena erbauten Kirche an, welche über der heiligen Grotte steht, da[7] Christus geboren ist.

[1] Platte, flag. [2] Schmach, humiliation. [3] eingebaut, engraven. [4] von dannen ziehen, to return from thence. [5] Saum, ridge. [6] Heerscharen, legions. [7] da, where.

3. „Welchen Namens ist dort die Burg[1]", fragte ich den Begleiter, „welche nur einige hundert Schritte von hier auf dem Gipfel jenes Hügels steht?" — „Das ist die Davidsburg auf Zion", sagte eintönig der Führer. Hier hat der Mann gewohnt, der größte seiner Zeit, der ein Prophet war, ein Dichter und ein König. Von hier aus konnte er Jerusalem beschauen und ungestört des Flusses strömende Welle[2], das stille grünende[3] Thal, die Terebinthen- und Olivenbäume betrachten, wie sie schmücken die Häupter der Hügel. Gegen Südost liegt vor dem Auge des Beschauers das Thal Josaphat, die Moschee auf Morija, und weiterhin der Kessel[4] des Todten Meeres.

Kein Anblick vermag die Seele mit so trüben Gedanken

zu erfüllen, wie das Thal Josaphat, ein enges Thal zwischen zwei Hügeln, deren einer den Oelberg, der andere die Stadt Jerusalem auf seiner Höhe trägt, von dem fast wasserlosen Kidron durchschlichen⁵. Niemals scheint die Sonne in diese düstere Tiefe; Morgens verbirgt sie sich hinter dem Oelberge und Nachmittags hinter Morija. Es ist das Thal der Schatten und der Gräber, und wer über die Brücke geht, die dort den Kidron überbaut⁶, wird von unwillkürlichem Schauder ergriffen. Rechts von der Brücke befinden sich die Gräber Absalon's, Josaphat's und Sacharja's. Betende⁷ liegen in der Nähe dieser Gräber hingestreckt, und eine Masse aufgeschichteter Steine vermehrt das Traurige dieser Stätte.

¹ dort die Burg, the castle yonder. ² die strömende Welle, the fleeting waves. ³ grünend, verdant. ⁴ Kessel, basin. ⁵ von dem fast wasserlosen Kidron durchschlichen, watered by the slow and almost dry brook of the Cedron. ⁶ überbaut, built across. ⁷ Betende, persons praying.

4. „Dort im Osten", sagte der Führer zu mir, „sehen Sie Bethanien und den Oelberg." — Nächst Bethlehem ist Bethanien gewiß das lieblichste Dörflein, und theure Erinnerungen knüpfen sich¹ an diese Stätte. Hier hat Lazarus gewohnt und Maria und Martha; in ihrem Kreise hat Jesus ausgeruht von der heiligen Arbeit, um neue Kräfte zu sammeln zur Ausführung seines schweren Berufes; hier hat der aus Jerusalem Verstoßene² ein Obdach, der Heimatlose eine Heimat, der von seinem Volke Verachtete Liebe und Ehre gefunden. Bethanien möchte ich den stillen Ort der Liebe nennen. Es ist so einsam, so traulich³ an den Berg gebaut, rings von schattigen Bäumen, von grünenden Feldern umgeben, daß man Wohnung darin machen möchte, umgeben von geliebten Herzen. Lange ruhte mein Blick auf Bethanien, der Heimat der Seelen, welche der Herr so lieb hatte, und meine Seele war bewegt von unbeschreiblicher Wallung⁴.

Mit Bethanien übersieht das Auge den Oelberg. Nahe an ihm liegt Gethsemane, an seinem Fuße der Olivengarten und auf dem Gipfel die Himmelfahrtskirche. Wie ein Berg des Friedens ist der Oelberg mit seinen Bäumen anzuschauen. Fast konnte ich mein Auge nicht wenden von den heiligen Hügeln mit ihren unvergeßlichen⁵ Erinnerungen.

Hackländer.

¹ sich knüpfen, to be attached. ² verstoßen, cast out. ³ traulich, peaceably. ⁴ Wallung, emotion. ⁵ unvergeßlich, indelible.

Dritte Abtheilung.

1. Warnung.

Keinem Würmlein thu' ein Leid[1],
Auch in seinem schlechten Kleid[2]
Hat's doch Gott im Himmel gern,
Sieht so freundlich drauf[3] von fern,
Führt es zu dem Grashalm hin,
Daß es ißt nach seinem Sinn;
Zeigt den Tropfen Thau ihm an,
Daß er satt sich trinken kann[4];
Gibt ihm Lust und Freudigkeit,
Liebes Kind, thu' ihm kein Leid!   Hey.

[1] ein Leid thun, to hurt. [2] schlechtes Kleid, shabby garb. [3] drauf sehen, to look on it. [4] sich satt trinken, to quench one's thirst fully.

2. Der Sonntag.

Der Sonntag ist gekommen,
Ein Sträußchen auf dem Hut;
Sein Aug' ist mild und heiter,
Er meint's mit Allen gut[1].

Er steiget auf die Berge,
Er wandelt durch das Thal,
Er ladet zum Gebete
Die Menschen allzumal[2].

Und wie in schönen Kleidern
Nun pranget Jung und Alt,
Hat er für sie geschmücket
Die Flur und auch den Wald.

Und wie er Allen Freude
Und Frieden bringt und Ruh',
So ruf' auch du nun Jedem
„Gott grüß' dich!" freundlich zu.
                        Hoffmann von Fallersleben.

[1] es gut meinen, to wish well to. [2] die Menschen allzumal, all mankind.

3. Der Greis.

Hin ist[1] alle meine Kraft,
Alt und schwach bin ich;
Wenig nur erquicket mich[2]
Scherz und Rebensaft[3].

Hin ist alle meine Zier[4],
Meiner Wangen Roth
Ist hinweggeflohn; der Tod
Klopft an meiner Thür.

Unerschreckt[5] mach' ich ihm auf:
Himmel habe Dank.
Ein harmonischer Gesang
War mein Lebenslauf[6].   Gleim.

[1] hin ist, is gone. [2] erquicken, to animate. [3] Rebensaft, wine. [4] Zier, charms. [5] unerschreckt, without fear. [6] Lebenslauf, career.

4. Das Johanniswürmchen.

Ein Johanniswürmchen[1] saß,
Seines Demantscheins[2]
Unbewußt[3] im weichen Gras
Eines Bardenhains[4].
Leise schlich aus faulem Moos
Sich ein Ungethüm[5],
Eine Kröte her[6] und schoß[7]
All' ihr Gift nach ihm.
„Ach, was hab' ich dir gethan?"
Rief der Wurm ihr zu.
„Ei", fuhr ihn das Unthier an,
„Warum glänzest du?"   Pfeffel.

[1] Johanniswürmchen, glow-worm. [2] Demantschein, diamond lustre. [3] unbewußt, ignorant. [4] Bardenhain, grove sacred to the bards. [5] Ungethüm, reptile. [6] herschleichen, to steal out. [7] schießen, to spit.

5. Der Blinde und der Lahme.

Von ungefähr¹ muß einen Blinden
Ein Lahmer auf der Straße finden,
Und jener hofft schon freudenvoll²,
Daß ihn der andre leiten soll.

„Dir", spricht der Lahme, „beizustehn?
Ich armer Mann kann selbst nicht geh'n
Doch scheint's, daß du zu einer Last
Noch sehr gesunde³ Schultern hast.

Entschließe dich⁴, mich fortzutragen,
So will ich dir die Stege⁵ sagen:
So wird dein starker Fuß mein Bein,
Mein helles Auge deines sein⁶."

Der Lahme hängt⁷ mit seinen Krücke
Sich auf des Blinden breiten Rücken;
Vereint wirkt⁸ also dieses Paar,
Was einzeln Keinem möglich war. Gellert.

¹ von ungefähr, by chance. ² freudenvoll hoffen, to be rejoicing in the expectation. ³ gesund, strong. ⁴ sich entschließen, to make up one's mind. ⁵ Stege, way. ⁶ wird deines sein, will become yours. ⁷ sich hängen, to get up. ⁸ vereint wirken, to accomplish united.

6. Frühlingslied.

Der Schnee zerrinnt¹,
Der Mai beginnt,
Die Blüthen keimen
Auf Gartenbäumen,
Und Vögelschall
Tönt überall.

Pflückt einen Kranz,
Und haltet Tanz
Auf grünen Auen
Ihr schönen Frauen;
Pflückt einen Kranz
Und haltet Tanz.

Wer weiß wie bald
Die Glocke schallt²,
Da wir des Maien
Uns nicht mehr freuen,
Wer weiß, wie bald
Sie leider schallt.

Drum werdet froh³,
Gott will es so,
Der uns dies Leben
Zur Lust gegeben,
Genießt die Zeit,
Die Gott verleiht⁴.   Hölty.

¹ zerrinnen, to melt. ² schallen, to toll. ³ froh werden, to rejoice. ⁴ verleihen, to grant, to bestow.

7. Lebenspflichten¹.

Rosen auf den Weg gestreut²,
Und des Harms vergessen!
Eine kurze Spanne Zeit
Ward uns zugemessen³.

Heute hüpft im Frühlingstanz
Noch der frohe Knabe;
Morgen weht der Todtenkranz
Schon auf seinem Grabe.

Gebt den Harm und Grillenfang⁴
Gebet ihn den Winden;
Ruht bei hellem Becherklang
Unter grünen Linden.

Lasset keine Nachtigall
Unbehorcht⁵ verstummen,
Keine Bien' im Frühlingsthal
Unbelauscht entsummen.

Schmeckt, so lang' es Gott erlaubt,
Kuß und süße Trauben,
Bis der Tod, der Alles raubt,
Kommt, auch sie zu rauben.   Hölty.

¹ Lebenspflichten, the duties of life. ² gestreut, be strewn. ³ gemessen, to allot. ⁴ Grillenfang, fancied ills. ⁵ unbehorcht, unheard.

8. Das Grab.

Das Grab ist tief und stille,
Und schauderhaft¹ sein Rand²;
Es deckt mit schwarzer Hülle
Ein unbekanntes Land.

Das Lied der Nachtigallen
Tönt nicht in seinem Schoos;
Der Freundschaft Rosen fallen
Nur auf des Hügels Moos.

Verlass'ne³ Bräute ringen,
Umsonst die Hände wund;
Der Waisen Klagen bringen⁴
Nicht in der Tiefe Grund.

Doch sonst⁵ an keinem Orte
Wohnt die ersehnte Ruh;
Nur durch die dunkle Pforte
Geht man der Heimat zu.

Das arme Herz, hienieden
Von manchem Sturm bewegt,
Erlangt den wahren Frieden
Nur wo es nicht mehr schlägt.   v. Salis.

¹ schauderhaft, awful, fearful.   ² Rand, verge.   ³ verlassen, desertod.   ⁴ bringen, to pierce.   ⁵ sonst, elsewhere.

9. Wenn sich zwei Herzen scheiden.

Wenn sich zwei Herzen scheiden¹,
Die sich dereinst² geliebt,
Das ist ein großes Leiden,
Wie's größres nimmer gibt.
Es klingt das Wort so traurig gar:
Fahr wohl, fahr wohl auf immerdar³,
Wenn sich zwei Herzen scheiden
Die sich dereinst geliebt.

Als ich zuerst empfunden,
Daß Liebe brechen⁴ mag:
Mir war's, als sei verschwunden
Die Sonn' am hellen Tag.

Mir klang's im Ohre wunderbar:
Fahr wohl, fahr wohl auf immerbar,
Da ich zuerst empfunden,
Daß Liebe brechen mag.

Mein Frühling ging zur Rüste⁵,
Ich weiß es wol, warum;
Die Lippe, die mich küßte,
Ist worden kühl und stumm.
Das eine Wort nur sprach sie klar:
Fahr wohl, fahr wohl für immerbar!
Mein Frühling ging zur Rüste,
Ich weiß es wol warum.   Oribel.

¹ scheiden, sever. ² bereinst, once. ³ auf immerbar, for evermore. ⁴ brechen, to cease. ⁵ zur Rüste gehen, to be missing.

10. Die Kapelle.

Was schimmert¹ dort auf dem Berge so schön,
Wenn die Sternlein hoch am Himmel aufgeh'n?
Das ist die Kapelle, still und klein,
Sie ladet den Pilger zum Beten ein.

Was tönet in der Kapelle zur Nacht²,
So feierlich ernst³ in ruhiger Pracht?
Das ist der Brüder geweihter⁴ Chor,
Die Andacht hebt sie zum Herrn empor.

Was hallt und klinget so wunderbar
Vom Berge herab so tief und klar?
Das ist das Glöcklein, das in die Gruft
Am frühen Morgen den Pilger ruft.   Preidenstein.

¹ schimmern, to gleam, to glitter. ² zur Nacht, at night. ³ feierlich ernst, solemnly grave. ⁴ geweihter, sacred.

11. Schäfers Sonntagslied.

Das ist der Tag des Herrn!
Ich bin allein auf weiter Flur,
Noch eine Morgenglocke nur¹:
Nun Stille nah und fern.

Anbetend knie' ich hier.
O süßes Graun²! Geheimes Wehn!
Als knieten Viele ungesehn,
Und beteten mit mir.

Der Himmel, nah und fern,
Er ist so klar und feierlich,
So ganz, als wollt' er öffnen sich:
Das ist der Tag des Herrn.   **Uhland.**

¹ noch eine Morgenglocke nur, the bell tolls but one more hom.
² O süßes Grauen! o holy awe!

12. Auf der Ueberfahrt ¹.

Ueber diesen Strom, vor Jahren,
Bin ich einmal schon gefahren².
Hier die Burg im Abendschimmer,
Drüben rauscht das Wehr wie immer.

Und von diesem Kahn umschlossen
Waren mit mir zween Genossen³:
Ach! ein Freund, ein vatergleicher⁴,
Und ein junger, hoffnungsreicher.

Jener wirkte still⁵ hienieden,
Und so ist er auch geschieden;
Dieser, brausend vor uns allen,
Ist im Kampf und Sturm gefallen.

So, wenn ich vergangner Tage,
Glücklicher⁶, zu denken wage,
Muß ich stets Genossen missen,
Theure, die der Tod entrissen.

Doch was alle Freundschaft bindet,
Ist, wenn Geist zu Geist sich findet!
Geistig waren jene Stunden,
Geistern bin ich noch verbunden.

Nimm nur, Fährmann, nimm die Miethe⁷,
Die ich gerne dreifach biete!
Zween, die mit mir überfuhren,
Waren geistige Naturen.   **Uhland.**

¹ the passage. ² fahren, to cross. ³ Genossen, comrades. ⁴ vatergleicher, like a father. ⁵ still wirken, to work in silence. ⁶ Glücklicher = ich Glücklicher. ⁷ die Miethe, the fee.

13. Der Pilgrim von St.-Just.

Nacht ist's und Stürme sausen für und für¹,
Hispan'sche Mönche schließen mir auf die Thür!

Laßt hier mich ruh'n, bis Glockenton mich weckt,
Der zum Gebet euch in die Kirche schreckt!

Bereitet mir, was euer Haus vermag²,
Ein Ordenskleid und einen Sarkophag!

Gönnt mir die kleine Zelle, weiht mich ein³,
Mehr als die Hälfte dieser Welt war mein.

Das Haupt, das nun der Schere sich bequemt⁴,
Mit mancher Krone warb's bediademt.

Die Schulter, die der Kutte nun sich bückt,
Hat kaiserlicher Hermelin geschmückt.

Nun bin ich vor dem Tod den Todten gleich,
Und fall' in Trümmer⁵, wie das alte Reich.
Platen.

¹ für und für, continually, incessantly. ² vermögen, to be able to give. ³ einweihen, to ordain, to receive into one's community. ⁴ der Schere sich bequemen, to offer for the tonsure. ⁵ in Trümmer fallen, to fall to ruin.

14. Lorelei.

Ich weiß nicht, was soll es bedeuten,
Daß ich so traurig bin;
Ein Märchen¹ aus alten Zeiten²,
Das kommt mir nicht aus dem Sinn³.

Die Luft ist kühl und es dunkelt⁴,
Und ruhig⁵ fließet der Rhein;
Der Gipfel des Berges funkelt⁶
Im Abendsonnenschein.

Die schönste der Jungfrauen sitzet
Dort oben wunderbar,
Ihr gold'nes Geschmeide⁷ blitzet,
Sie kämmt ihr goldenes Haar.

Sie kämmt es mit goldenem Kamme,
Und singt ein Lied dabei;
Das hat eine wundersame,
Gewalt'ge Melodei.

Den Schiffer im kleinen Schiffe
Ergreift es mit wildem Weh;
Er schaut nicht die Felsenriffe⁸,
Er schaut⁹ nur hinauf in die Höh'!

Ich glaube, die Wellen verschlingen¹⁰
Am Ende Schiffer und Kahn;
Und das hat mit ihrem Singen
Die Lorelei gethan.   *Heine.*

¹ Märchen, tale. ² aus alten Zeiten, of the past. ³ Sinn, mind.
⁴ dunkeln, to get dark. ⁵ ruhig, peacefully. ⁶ funkeln, to glow.
⁷ Geschmeide, jewels. ⁸ Felsenriffe, cliffs. ⁹ schauen, to gaze. ¹⁰ verschlingen, to swallow.

15. Die Grenadiere.

Nach Frankreich zogen¹ zwei Grenadier'
Die waren in Rußland gefangen.
Und als sie kamen ins deutsche Quartier²
Sie ließen die Köpfe hangen.

Da hörten Beide die traurige Mär³:
Daß Frankreich verloren gegangen,
Besiegt und zerschlagen⁴ das tapfere Heer —
Und der Kaiser, der Kaiser gefangen.

Da weinten zusammen die Grenadier'
Wol ob der kläglichen Kunde⁵.
Der Eine sprach: Wie weh wird mir⁶,
Wie brennt⁷ meine alte Wunde.

Der Andere sprach: Das Lied ist aus,
Auch ich möcht' mit dir sterben;
Doch hab' ich Weib und Kind zu Haus,
Die ohne mich verderben⁸.

Was schert mich⁹ Weib, was schert mich Kind,
Ich trage weit bess'res Verlangen¹⁰;
Laß sie betteln gehn, wenn sie hungrig sind, —
Mein Kaiser, mein Kaiser gefangen!

Gewähr' mir, Bruder, eine Bitt':
Wenn ich jetzt sterben werde,
So nimm meine Leiche nach Frankreich mit,
Begrab' mich in Frankreichs Erde.

Das Ehrenkreuz am rothen Band
Sollst du aufs Herz mir legen;
Die Flinte gib mir in die Hand
Und gürt' mir um den Degen.

So will ich liegen und horchen¹¹ still,
Wie eine Schildwach, im Grab,
Bis einst ich höre Kanonengebrüll,
Und wiehernder Rosse Getrabe¹².

Dann reitet mein Kaiser wol über mein Grab,
Viel Schwerter klirren¹³ und blitzen¹⁴;
Dann steig' ich gewaffnet empor aus dem Grab, —
Den Kaiser, den Kaiser zu schützen.   **Heine.**

¹ ziehen, to be returning. ² das deutsche Quartier, the land of the Germans. ³ Mär, tale. ⁴ zerschlagen, to scatter. ⁵ Kunde, news. ⁶ wie weh wird mir, how great is my pain. ⁷ brennen, to burn, to smart. ⁸ verderben, to perish, to starve. ⁹ was schert mich, what care I for. ¹⁰ ich trage ein besseres Verlangen, my longings are nobler. ¹¹ horchen, to listen. ¹² wiehernder Rosse Getrabe, the tramp of the neighing steeds. ¹³ klirren, to clash. ¹⁴ blitzen, to gleam.

16. Das Glück von Edenhall¹.

Von Edenhall der junge Lord
Läßt schmettern Festtrompetenschall²,
Er hebt sich an des Tisches Bord
Und ruft in trunkner Gäste Schwall³:
„Nun her⁴ mit dem Glück von Edenhall!"

Der Schenk⁵ — vernimmt ungern den Spruch,
Des Hauses ältester Vasall;
Nimmt zögernd aus dem seidnen Tuch
Das hohe Trinkglas von Krystall,
Sie nennen's: Das Glück von Edenhall.

Darauf der Lord: „Dem Glas zum Preis⁶
Schenk' rothen ein aus Portugall!"
Mit Händezittern gießt der Greis,
Und purpurn Licht wird überall,
Es strahlt aus dem Glücke von Edenhall.

Da spricht der Lord und schwingt's⁷ dabei:
„Dies Glas von leuchtendem Krystall
Gab meinem Ahn am Quell die Fei⁸,
Drein schrieb sie: Kommt dies Glas zum Fall,
Fahr' wohl dann, o Glück von Edenhall!"

„Ein Kelchglas ward zum Loos mit Fug⁹
Dem freud'gen Stamm¹⁰ von Edenhall;
Wir schlürfen gern im vollen Zug¹¹,
Wir läuten gern mit lautem Schall¹²,
Stoßt an mit dem Glücke von Edenhall!"

„Erst klingt es milde, tief und voll,
Gleich dem Gesang der Nachtigall,
Dann wie des Waldstroms laut Geroll¹³,
Zuletzt erdröhnt wie Donnerhall¹⁴
Das herrliche Glück von Edenhall."

„Zum Horte¹⁵ nimmt ein kühn Geschlecht
Sich den zerbrechlichen Krystall;
Er dauert länger schon, als recht.
Stoßt an! Mit diesem kräft'gen Prall¹⁶
Versuch' ich das Glück von Edenhall."

Und als das Trinkglas gellend springt¹⁷,
Springt¹⁸ das Gewölb' mit jähem Knall,
Und aus dem Riß¹⁹ die Flamme bringt;
Die Gäste sind zerstoben²⁰ all
Mit dem brechenden Glücke von Edenhall.

Einstürmt²¹ der Feind, mit Brand und Mord,
Der in der Nacht erstieg den Wall;
Vom Schwerte fällt der junge Lord,
Hält in der Hand noch das Krystall,
Das zersprungene Glück von Edenhall.

Am Morgen irrt der Schenk allein,
Der Greis in der zerstörten Hall',
Er sucht des Herrn verbrannt Gebein²²,
Er sucht im grausen Trümmerfall²³
Die Scherben des Glückes von Edenhall.

„Die Steinwand", spricht er, „springt zu Stück,
Die hohe Säule muß zu Fall²⁴,
Glas ist der Erde Stolz und Glück,
In Splitter fällt der Erdenball
Einst, gleich dem Glücke von Edenhall."   **Uhland.**

¹ The Luck of Edenhall. ² Festtrompetenschall, the festal trumpet. ³ in trunkner Gäste Schwall, amid all the drunken revellers. ⁴ nun her, now bring me. ⁵ Schenk, butler. ⁶ zum Preis, to praise. ⁷ schwingen, to wave. ⁸ Fei = Fee. ⁹ mit Fug = mit Recht. ¹⁰ der freudige Stamm, the joyous race. ¹¹ in vollem Zuge schlürfen, to drink deep draughts. ¹² mit lautem Schall läuten, to ring with merry call. ¹³ Geroll, roar. ¹⁴ wie Donnerhall erdröhnen, to mutter like the thunder's fall. ¹⁵ Hort, keeper. ¹⁶ Prall, blow. ¹⁷ springen, to fly apart. ¹⁸ springen, to crack. ¹⁹ Riß, rift. ²⁰ zerstieben, to scatter. ²¹ hineinstürmen, to storm, to rush in. ²² Gebein, skeleton. ²³ der grause Trümmerfall, the dismal ruin's fall. ²⁴ zu Fall müssen, must fall down.

17. Das Schloß am Meer.

Hast du das Schloß gesehen,
Das hohe Schloß am Meer?
Golden und rosig wehen¹
Die Wolken drüber her.

Es möchte sich niederneigen
In die spiegelklare Flut;
Es möchte streben und steigen²
In der Abendwolken Glut.

„Wohl hab' ich es gesehen,
Das hohe Schloß am Meer,
Und den Mond darüber stehen
Und Nebel weit umher."

Der Wind und des Meeres Wallen³
Gaben sie frischen Klang⁴?
Vernahmst du aus hohen Hallen
Saiten und Festgesang?

„Die Winde, die Wogen alle
Lagern in tiefer Ruh'!
Einem Klagelied aus der Halle
Hört' ich mit Thränen zu."

Saheſt du oben gehen
Den König und sein Gemahl?
Der rothen Mäntel Wehen⁵?
Der goldenen Kronen Strahl?

Führten ſie nicht mit Wonne
Eine ſchöne Jungfrau dar,
Herrlich wie eine Sonne
Strahlend im goldenen Haar?

„Wol ſah ich die Aeltern beide,
Ohne der Kronen Licht,
Im ſchwarzen Trauerkleide!
Die Jungfrau ſah ich nicht."   **Uhland.**

¹ wehen, to float. ² ſtreben und ſteigen, to soar upwards. ³ des Meeres Wallen, the waves of ocean. ⁴ friſchen Klang, merry chime. ⁵ Wehen, wave.

18. Erlkönig¹.

Wer reitet ſo ſpät durch Nacht und Wind?
Es iſt der Vater mit ſeinem Kind:
Er hat den Knaben wol in dem Arm,
Er faßt ihn ſicher, er hält ihn warm.

„Mein Sohn, was birgſt² du ſo bang dein Geſicht?" —
Siehſt, Vater, du den Erlkönig nicht?
Den Erlkönig mit Kron' und Schweif? —
„Mein Sohn, es iſt ein Nebelſtreif³."

„„Du liebes Kind, komm, geh mit mir!
Gar ſchöne Spiele ſpiel' ich mit dir;
Manch bunte Blumen ſind an dem Strand;
Meine Mutter hat manch gülden Gewand⁴.""

Mein Vater, mein Vater, und höreſt du nicht,
Was Erlkönig mir leiſe verſpricht? —
„Sei ruhig, bleibe ruhig, mein Kind!
In dürren Blättern ſäuſelt der Wind."

6*

„„Willſt feiner Knabe du mit mir geh'n?
Meine Töchter ſollen dich warten⁵ ſchön;
Meine Töchter führen den nächtlichen Reih'n,
Und wiegen und tanzen und ſingen dich ein!"„

Mein Vater, mein Vater, und ſiehſt du nicht dort
Erlkönigs Töchter am düſtern Ort? —
„Mein Sohn, mein Sohn, ich ſeh' es genau,
Es ſcheinen die alten Weiden⁶ ſo grau."

„„Ich liebe dich, mich reizt deine ſchöne Geſtalt;
Und biſt du nicht willig, ſo brauch' ich Gewalt."„
Mein Vater, mein Vater, jetzt faßt er mich an⁷!
Erlkönig hat mir ein Leides gethan⁸! —

Dem Vater grauſet's, er reitet geſchwind,
Er hält in den Armen das ächzende Kind,
Erreicht den Hof mit Müh' und Noth;
In ſeinen Armen das Kind war todt.   Goethe.

¹ The Erl-King. ² was birgſt du? why do you hide? ³ Nebelſtreif, misty cloud. ⁴ gülden Gewand, dresses of gold. ⁵ warten, to wait upon. ⁶ Weide, willow. ⁷ anfaſſen, to seize, to hold on. ⁸ ein Leid thun, to do an injury.

19. Der Sänger⁹.

Was hör' ich draußen vor dem Thor,
Was auf der Brücke ſchallen?
Laßt den Geſang vor unſerm Ohr
Im Saale wiederhallen!
Der König ſprach's, der Page lief;
Der Knabe kam, der König rief:
Laßt mir herein² den Alten!

„Gegrüßet ſeid mir, edle Herr'n,
Gegrüßt ihr, ſchöne Damen!
Welch reicher Himmel! Stern bei Stern!
Wer kennet ihre Namen?
Im Saal voll Pracht und Herrlichkeit
Schließt, Augen, euch; hier iſt nicht Zeit,
Sich ſtaunend zu ergötzen³."

Der Sänger drückt die Augen ein,
Und schlug in vollen Tönen;
Die Ritter schauten muthig drein,
Und in den Schoos die Schönen.
Der König, dem das Lied gefiel,
Ließ, ihn zu ehren für sein Spiel,
Eine goldne Kette reichen.

„Die goldne Kette gib mir nicht,
Die Kette gib den Rittern,
Vor deren kühnem Angesicht
Der Feinde Lanzen splittern⁴.
Gib sie dem Kanzler, den du hast,
Und laß ihn noch die goldne Last
Zu andern Lasten tragen."

„Ich singe, wie der Vogel singt,
Der in den Zweigen wohnet;
Das Lied, das aus der Kehle dringt,
Ist Lohn, der reichlich lohnet.
Doch darf ich bitten, bitt' ich eins:
Laß mir den besten Becher Weins
In purem Golde reichen."

Er setzt' ihn an, er trank ihn aus:
„O Trank voll süßer Labe!
O drei mal hochbeglücktes Haus,
Wo das ist kleine Gabe!
Ergeht's euch wohl, so denkt an mich,
Und danket Gott so warm als ich
Für diesen Trunk euch danke." **Goethe.**

[1] The minstrel. [2] hereinlassen, to admit. [3] sich staunend ergötzen to luxuriate with one's eyes. [4] splittern, to split.

20. Der Alpenjäger [1].

Willst du nicht das Lämmlein hüten[2]?
   Lämmlein ist so fromm[3] und sanft,
Nährt sich von des Grases Blüten,
   Spielend an des Baches Ranft[4].
„Mutter, Mutter, laß mich gehen,
Jagen nach des Berges Höhen!"

Willst du nicht die Heerde locken [5]
  Mit des Hornes munterm Klang?
Lieblich tönt der Schall der Glocken
  In des Waldes Lustgesang [6].
„Mutter, Mutter, laß mich gehen,
„Schweifen [7] auf den wilden Höhen!"

Willst du nicht der Blümlein warten [8],
  Die im Beete freundlich steh'n?
Draußen ladet dich kein Garten;
  Wild ist's auf den wilden Höh'n!
„Laß die Blümlein, laß sie blühen!
Mutter, Mutter, laß mich ziehen!"

Und der Knabe ging zu jagen,
  Und es treibt und reißt ihn fort,
Rastlos fort mit blindem Wagen [9]
  An des Berges finstern Ort;
Vor ihm her mit Windesschnelle
Flieht die zitternde Gazelle.

Auf der Felsen nackte Rippen [10]
  Klettert sie mit leichtem Schwung,
Durch den Riß [11] gespaltner Klippen
  Trägt sie der gewagte Sprung.
Aber hinter ihr verwogen [12]
Folgt er mit dem Todesbogen.

Jetzo auf den schroffen Zinken [13]
  Hängt sie auf dem höchsten Grat [14],
Wo die Felsen jäh [15] versinken,
  Und verschwunden ist der Pfad.
Unter sich die steile Höhe,
Hinter sich des Feindes Nähe.

Mit des Jammers stummen Blicken
  Fleht sie zu dem harten Mann,
Fleht umsonst, denn loszudrücken,
  Legt er schon den Bogen an;
Plötzlich aus der Felsenspalte
Tritt der Geist, der Bergesalte [16].

Und mit seinen Götterhänden.
Schützt er das gequälte Thier.
„Mußt du Tod und Jammer senden¹⁷“,
Ruft er, „bis herauf zu mir?
Raum¹⁸ für Alle hat die Erde;
Was verfolgst du meine Heerde?"   Schiller.

¹ The hunter of the Alps. ² hüten, to heed. ³ fromm, innocent. ⁴ Ranft, side. ⁵ locken, to lure. ⁶ Lustgesang, song of joy. ⁷ schweifen, to rove, to ramble. ⁸ warten, to await. ⁹ Wagen, daring. ¹⁰ Rippen, craggy steep. ¹¹ Riß, cleft, crevice. ¹² vermögen, reckless. ¹³ die schroffen Zinken, the fearful brink. ¹⁴ der höchste Grat, the topmost. hight. ¹⁵ jäh, abruptly. ¹⁶ der Bergesalte, the ancient mountain sprite. ¹⁷ senden, to bring. ¹⁸ Raum, ample space.

21. Ritter Toggenburg¹.

„Ritter, treue Schwesterliebe
    Widmet euch dies Herz,
Fodert keine andre Liebe!
    Denn es macht mir Schmerz;
Ruhig mag ich euch erscheinen,
    Ruhig gehen seh'n.
Eurer Augen stilles Weinen
    Kann ich nicht versteh'n.

Und er hört's mit stummem Harme,
    Reißt sich blutend los,
Preßt sie heftig in die Arme,
    Schwingt sich auf sein Roß,
Schickt zu seinen Mannen² allen
    In dem Lande Schweiz!
Nach dem heil'gen Grab sie wallen,
    Auf der Brust das Kreuz.

Große Thaten³ dort geschehen
    Durch der Helden Arm!
Ihres Helmes Büsche wehen
    In der Feinde Schwarm,
Und des Toggenburgers Name
    Schreckt den Muselmann!
Doch das Herz von seinem Grame
    Nicht genesen kann.

Und ein Jahr hat er's getragen,
  Trägt's nicht länger mehr,
Ruhe kann er nicht erjagen,
  Und verläßt das Heer,
Sieht ein Schiff an Joppes Strande,
  Das die Segel bläht,
Schiffet heim zum theuern Lande,
  Wo ihr Athem weht.

Und an ihres Schlosses Pforte
  Klopft der Pilger an,
Ach! und mit dem Donnerworte
  Wird sie aufgethan:
„Die ihr suchet trägt den Schleier,
  Ist des Himmels Braut.
Gestern war des Tages Feier,
  Der sie Gott getraut!"

Da verlässet er auf immer
  Seiner Väter Schloß,
Seine Waffen sieht er nimmer
  Noch sein treues Roß.
Von der Toggenburg hernieder
  Steigt er unbekannt,
Denn es deckt die edeln Glieder
  Härenes Gewand.

Und er baut sich eine Hütte,
  Jener Gegend nah,
Wo das Kloster aus der Mitte
  Düst'rer Linden sah;
Harrend von des Morgens Lichte
  Bis zu Abends Schein,
Stille Hoffnung im Gesichte,
  Saß er da allein.

Blickte nach dem Kloster drüben,
  Blickte Stunden lang
Nach dem Fenster seiner Lieben,
  Bis das Fenster klang,
Bis die Liebliche sich zeigte,
  Bis das theure Bild
Sich ins Thal herunterneigte,
  Ruhig, engelmild.

Und dann legt' er froh sich nieder,
  Schlief getröstet ein,
Still sich freuend, wenn es wieder
  Morgen würde sein.
Und so saß er viele Tage,
  Saß viel Jahre lang,
Harrend ohne Schmerz und Klage,
  Bis das Fenster klang.

Bis die Liebliche sich zeigte,
  Bis das theure Bild
Sich ins Thal herunterneigte,
  Ruhig, engelmild.
Und so saß er, eine Leiche,
  Eines Morgens da;
Nach dem Fenster noch das bleiche
  Stille Antlitz sah.   *Schiller.*

[1] The knight of Toggenburg. [2] Mannen, armed men. [3] große Thaten, high deeds. [4] härenes Gewand, a sackcloth gown.

22. Des Feuers Macht.

Wohlthätig[1] ist des Feuers Macht,
Wenn sie der Mensch bezähmt, bewacht[2];
Und was er bildet, was er schafft[3],
Das dankt[4] er dieser Himmelskraft!
Doch furchtbar wird die Himmelskraft,
Wenn sie der Fessel sich entrafft[5],
Einhertritt[6] auf der eignen Spur[7]
Die freie Tochter der Natur.
Wehe, wenn sie losgelassen[8],
Wachsend ohne Widerstand,
Durch die volkbelebten Gassen
Wälzt den ungeheuern Brand!
Denn die Elemente hassen
Das Gebild'[9] der Menschenhand.
Aus der Wolke
Quillt der Segen,
Strömt[10] der Regen;
Aus der Wolke, ohne Wahl[11],
Zuckt der Strahl[12].
Hört ihr's wimmern[13] hoch im Thurm?
Das ist Sturm[14]!

Roth, wie Blut,
Ist der Himmel;
Das ist nicht des Tages Glut!
Welch Getümmel
Straßen auf[16]!
Dampf wallt auf[16]!
Flackernd steigt die Feuersäule,
Durch der Straße lange Zeile[17]
Wächst es fort mit Windeseile;
Kochend wie aus Ofens Rachen
Glühn die Lüfte, Balken[18] krachen,
Pfosten stürzen, Fenster klirren,
Kinder jammern, Mütter irren,
Thiere wimmern
Unter Trümmern;
Alles rennet, rettet, flüchtet[19],
Taghell ist die Nacht gelichtet;
Durch der Hände lange Kette
Um die Wette
Fliegt der Eimer, hoch im Bogen[20]
Spritzen Quellen Wasserwogen.
Heulend kommt der Sturm geflogen,
Der die Flamme brausend sucht;
Prasselnd[21] in die dürre Frucht
Fällt sie, in des Speichers Räume,
In der Sparren dürre Bäume,
Und als wollte sie im Wehen
Mit sich fort der Erde Wucht[22]
Reißen in gewalt'ger Flucht,
Wächst sie in des Himmels Höhen
Riesengroß!
Hoffnungslos
Weicht[23] der Mensch der Götterstärke,
Müßig[24] sieht er seine Werke
Und bewundernd untergeh'n.

    Leergebrannt[25]
Ist die Stätte,
Wilder Stürme rauhes Bette.
In den öden Fensterhöhlen
Wohnt das Grauen,
Und des Himmels Wolken schauen
Hoch hinein.

Einen Blick
Nach dem Grabe
Seiner Habe²⁶
Sendet noch der Mensch zurück —
Greift fröhlich nach dem Wanderstabe.
Was Feuers Wuth ihm auch geraubt,
Ein süßer Trost ist ihm geblieben,
Er zählt die Häupter seiner Lieben,
Und sieh! ihm fehlt kein theures Haupt.

       Schiller. (Die Glocke.)

[1] wohlthätig, genial. [2] bezähmen, to tame; bewachen, to watch. [3] bilden, to form; schaffen, to shape. [4] danken, to owe. [5] entraffen, to escape, to throw off. [6] einhertreten, to walk along. [7] Spur, path. [8] losgelassen, unbridled. [9] Gebild, what has been formed. [10] quellen, to come down, to descend; strömen, to gush. [11] ohne Wahl, indiscriminately. [12] der Strahl zuckt, lightning flashes. [13] wimmern, to wail. [14] Sturm, alarm. [15] auf, through. [16] aufwallen, to surge upwards. [17] Zeile, row. [18] Balken, rafter. [19] flüchten, to secure. [20] hoch im Bogen, arching over. [21] prasseln, to crackle. [22] Wucht, weight, burden. [23] weichen, to yield, to submit. [24] müßig, with an idle gaze. [25] leergebrannt, waste. [26] Habe, wealth.

Druck von F. A. Brockhaus in Leipzig.